口絵1　天野元之助博士遺影

 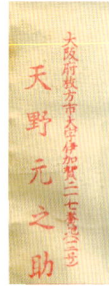

口絵3　流通経済大学
　　　・天野元之助文庫

口絵2　天野元之助博士蔵書印

流通経済大学 天野元之助文庫

原 宗子 編

流通経済大学出版会

目次

「流通経済大学・天野元之助文庫」について ... 原 宗子 ... 5

天野先生のこと ... 田島 俊雄 ... 8

天野元之助博士略年譜 ... 原 宗子 ... 10

流通経済大学・天野元之助文庫目録 ... 村上 陽子 ... 17

天野家所蔵和書・漢籍目録 ... 天野 弘之 ... 41

附録

　附表1「京都大学東南アジア研究センター蔵・天野元之助博士旧蔵書籍一覧」... 72

　附表2『天野元之助博士旧蔵論文集』巻別内容一覧 ... 87

　附表3「北山書店販売書籍一覧」... 161

　御蔵書のゆくえと今後の活用 ... 原 宗子 ... 166

編集後記 ... 172

口絵1　天野元之助博士遺影　／　口絵2　天野元之助博士蔵書印　／　口絵3　流通経済大学・天野元之助文庫

「流通経済大学・天野元之助文庫」について

経済学部教授 原 宗子

天野元之助博士（一九〇一〜一九八〇年）は、日本が世界に誇りうる、中国農業史研究の第一人者であられました。博士の略歴は、別掲の通りですが、戦前、南満州鉄道株式会社・調査部にて、中国農村の実地調査に当られ、レッドパージの影響下、古農書研究を進められて、敗戦後も中国に残り、研究を続けられました。一九四八年七月の帰国後は、京都大学人文科学研究所、大阪市立大学、追手門学院大学等を歴任され、後進の指導に当たられたが、その間、中国の近現代農業分析・農業技術史・農具史や、古農書の書誌学的研究等、中国農業史の全分野に亙る優れた業績を挙げられたのみならず、中国農村社会学・民俗学等に関わる分野についても、貴重な論著を発表してこられました。さらに教育・研究の傍ら、日中の研究交流にも力を注ぎ続けられ、ジョセフ・ニーダム博士はじめ世界中の中国研究者とも交流深く、一九六二年には『中国農業史研究』（お茶の水書房）で学士院賞を受賞、一九七五年の『中国古農書考』（龍渓書舎）とセットになって、日中国交回復記念事業として、北京農業大学（当時。現在は中国農業大学）の故・王毓瑚教授『中国農学書録』と、日中それぞれで刊行されています。

なお、一九七七年、当時アジア経済研究所に在籍しておられた小島麗逸先生（現・大東文化大学教授）を中心に、天野元之助博士の膨大な御著作について、それらの基礎となった原資料の探求を含めた精読と検証とを目指す「天野本研究会」が結成され、今日まで活動を継続しています。

ご逝去後、博士の膨大な蔵書は、当時令孫松下敬一郎氏が勤務しておられた、京都大学東南アジア研究センターに寄託されましたが、同センターでの整理を経て、一九九五年四月、そのうちの一部はご遺族に戻され、さらに、一九九九年までには、

同センターの収書方針の変更に伴って、残る部分の多くが古書店の扱われるところとなりました。

天野博士の幅広い研究分野は、既成の学問分野の枠組みには収まりきらない豊富なものであり、博士の傑出した研究業績の基礎となったその蔵書には、至る所、ご自身の真摯な研究を偲ばせる書き込みなどが見られます。中国からの帰国時に、それまでの蔵書のほとんど全てを中国に残してこられた博士の蔵書は、戦後の収集によるものですが、それでもなお、蔵書の全容そのものが、一つの学問のカタチを示す重要な資料となっています。

二〇〇一年十二月に、知人であり、「天野本研究会」の現・取り纏め役でもあられる、田島俊雄東京大学教授から、天野元之助博士の旧蔵書が纏まって古書店に並んだ、との知らせを受けた私は、何とかこれらを散逸させず、後学の者が博士の学問体系を検証しつつ研究の指標として継承し、博士が学んでこられた足跡を辿りうるような手立てを講じたいもの、との思いを強くしました。

幸いに、本学には、各教員平等に、教育研究に必要な図書の購入を図書館に推薦する年度毎の枠が与えられていますので、生田保夫図書館長のご許可を得て、これらの図書を、古書店から一括購入することができました。

また、本学図書館の蔵書は、一般には、その来歴に関わらず十進分類法の体系に従って配架されていますが、上述の特殊性に鑑み、これらの蔵書については、整理番号に「天野文庫」との略称を付記して、旧・天野元之助博士蔵書であることが検索できるようシステム調整を施し、一箇所に纏めて収蔵されることになりました。本学蔵書目録は、以前からｗｅｂ上で公開されていますので、学外者の方の検索・複写依頼にも応じうる体制が整い、本学図書館が、広く内外に誇りうるコレクションとすることができました。これらの処置については、本学図書館の、高橋柏次長をはじめとする多くの司書の方々の献身的なご尽力があったことを、申し添えたいと思います。

なお、京都大学東南アジア研究センターに現在も所蔵されている部分、同センターから天野家に返還された部分、諸種の

事情で散逸した部分については、京都大学東南アジア研究センター並びに天野家御遺族、その他の方々の御協力により、その大要を把握できました。そこで、本書が、旧蔵書の全容を窺う手がかりとなりうるよう、これらのリストについても、付録として本書に収録致しました。以上の経緯については、やはり付録に致しました「御蔵書のゆくえと今後の活用」に述べております。博士の旧蔵書全体についての調査は、今後も継続してゆく所存です。

多くの本学学生諸君が、これらの蔵書に接することによって、日本における中国研究・アジア研究の広がりと深さとを実感し経済学・社会学等の学習に役立ててくれることを期待するとともに、本書の刊行によって、広く世界各地で農業研究・アジア研究の新たな発展を担っておられる方々が、本学図書館蔵書をご利用になられるに資することができれば、洵に幸いだと思っています。

(二〇〇二年十二月・記)

天野元之助博士略年譜

作成：原　宗子

――大半は、一九七七年天野元之助博士より受贈の自筆履歴による

一九〇一年二月二二日	大阪船場にて出生。
一九一九年～二〇年八月	大阪懐徳堂に学ぶ。
一九二〇年九月～二三年三月	松山高等学校在学。
一九二三年四月～二六年三月	京都大学経済学部在学。
一九二六年四月	満鉄入社、満鉄二〇年史の編纂等に従事。
一九三二年	国際連盟派遣「支那調査委員」リットン卿に「満洲における日本の権益史」（英訳本）を贈呈。
二月	満州経済調査会満州経済班主任。「奉天」勤務となる。
一九三五年一月	北京に留学。
一九三六年二月	済南に移る。
九月	上海に移る。

一九四〇年七月　　　　　　　『支那農業経済論』上を刊行。
一九四二年四月　　　　　　　大連に転任（調査部調査役）。
一九四三年五月　　　　　　　「新京」に転任（調査局第二満州調査室主査）。
　　　　九月　　　　　　　　「レッドパージにかかる」（天野博士筆記のママ）。
一九四六年三月〜四八年七月　大連図書館にこもり、中国の古農書研究に専念。
一九四八年七月　　　　　　　中長鉄路公司経済調査局主任研究員として、『満州農業経済』を執筆。
　　　　十一月三〇日　　　　帰国。
一九五一年六月二五日　　　　京都大学人文科学研究所講師。
一九五五年六月一日　　　　　経済学博士（京都大学）。
一九六三年五月　　　　　　　大阪市立大学文学部教授。
一九六四年三月三一日　　　　『中国農業史研究』（お茶の水書房）により学士院賞受賞。
一九六七年四月一日　　　　　同学部退職。
一九七二年三月三一日　　　　追手門学院大学文学部教授。
一九八〇年八月九日　　　　　同学部退職。
　　　　　　　　　　　　　　大阪府枚方市の病院にて逝去。

「天野先生のこと」

田島　俊雄

> 本稿は、農林水産省農業総合研究所『総研月報』No 三八六（一九八〇年十一月。なお同誌はすでに廃刊）より、筆者の御諒解を得て転載するものである。

天野元之助先生が亡くなった。本年初めに腎臓摘出手術を受けたあと、自宅療養を続けていたが、八月九日未明、七九歳の生涯を終えられた。

天野先生と言っても、六〇年代半ば以降総研に入所された方には、ほとんどなじみがないと思われる。先生は中国農業史、および中国古農書の世界的権威であり、かつては総研とも縁の浅からぬ方であった。

天野先生は、一九六二年に総研の研究双書として『中国農業史研究』を上梓し、これによって学士院賞を受賞している。加用信文、熊代幸雄両氏の斡旋により出版の運びとなったとのことである。この『中国農業史研究』は昨年夏に御茶の水書房から増補版が出されているが、初版本でも全体で九一八頁という大著である。このような大部でソロバンに合わぬ、それでいて学術的にきわめて大きな価値のある研究に対し、わが総研が助成できたということは、昨今の状況から考えれば隔世の感がある。

ともあれ、その後天野先生は『農業総合研究』に「元の魯明善『農桑衣食撮要』」（第一七巻第三号）、「明、徐光啓『農政全書』について」（第一八巻第一号）と題するノートを投稿している（当時は委託研究や論文の投稿もあったようである）。これらの著作の中で天野先生は、総研図書館所蔵の手鈔本『農桑衣食撮要』にしばしば言及している。この本は『斉民要術』金沢文庫影印本とともに、総研図書館の誇る稀覯本であり、現在でも中国古農書の研究者から複写の依頼が来る。この本は秋元真次郎氏が北京から将来したと伝えられるが、いかなる経緯で総研が購入したのか興味あるところである。中国の農法、あるいは農書に関する研究は、『斉民要術』の日本語訳以来、かつての総研の研究を一面で代表するものであった。現在の総研では誰が中国の農書の研究をやっているのか、私は時として問われ、困惑することがある。私としても何らかの形でそうした研究もやりたいと願っているが、正直言ってそれに踏みきる勇気がない。

総研の研究として中国古農書の研究が行われたということは、当時の東畑精一所長がこうしたテーマに対して並々ならぬ関心を持っていたことによるものであろう。東畑元所長は、後に天野先生の『中国古農書考』（龍渓書舎、一九七五年）の出版にあたり、出版費の工面に骨を折ったばかりか、みずから出版序文を寄せている。その中で東畑氏は、「古農書は単なる古農書ではなく、現代の農業の理解のための必須の書たる一面を確実に持っていると思われる」と位置づけたあと、次のように結んでいる。

　著者天野元之助氏は一途の学究である。彼の研究の環境は永い生涯の間にしばしば激変し彼を苦しめるところがあったが、彼は一度も中断されるところがなく中国の農業や農書の攻研に精進した。いな、今日も精進しているし、齢を重ねるとともにいっそうの磨きがかかっている。朝夕常清醇、日々是好日の心境にあって学問を楽しんでいる。うらやむべき学徒である。

「うらやむべき学徒」の葬儀は八月一〇日に大阪でとり行なわれたが、東畑元所長の丁重なる弔電が最初に読み上げられたのが印象的であった。

東畑氏の序文にも述べられているように、天野先生の研究環境は永い生涯の間にしばしば激変した。天野先生は一九二六年に京都大学経済学部を卒業したあと満鉄に入社し、一九四八年に帰国するまで、一貫して中国で調査研究にたずさわった。その学風は徹底した調査にもとづく、いわば事実の記述に重点を置いた実証研究であり、大上末広、鈴木小兵衛、あるいは中西功らに代表される、主として講座派理論にもとづく分析的研究（いわゆる「満鉄マルクス主義」）とは対照的な存在であった。この間の事情について草柳大蔵は近著『実録満鉄調査部』の中で次のように述べている（同書下巻、二七五ページ）。

天野が満鉄に入社したのは大正十五年である。満州の経済調査に従事したが、生産活動に従事する人々の大半が華北からの出稼人であることに気がつき、華北経済を研究しようと決意、本社に「留学」を申し出た。満鉄社員の「留学」といえば大体ヨーロッパにきまっているが、彼は北京と済南を希望したのである。彼は、そのまえに頭を角刈りにして、昼食には必ず中国人の食べる饅頭を食べ、日本人とはあまりつきあわず、暇さえあれば大連図書館で文献を読んでいた。なによりも実証主義的な彼の調査方法を、マルクス主義の立場に立つ大上末広らは「天野には理論がない」と攻撃した。……願いかなって「北京留学」に出ると、彼は角刈りの頭をすっかり中国風になおし、中国服を着て首のうしろに扇子を挿し、毎日のように東安市場に通って、山東太鼓と北京太鼓の鳴らし方までマスターしたという。ちなみに、満鉄調査部員で最初に郭沫若と知りあったのは天野ではないかといわれている。天野は、自分の実態調査が完成すると、誰よりも先に

郭沫若の許に送り、批判をあおいだという。

余談になるが、昨年末、総研OBの山本秀夫氏、アジ研の小島麗逸氏を中心に、通称「天野本研究会」という、解放前の中国農業を研究する会が組織され、筆者も参加しているが、そこで議論されている限りでは、当時の輝かしい大上らの理論的研究よりも、天野先生の地道な研究の方が資料的な価値があり、後世に残るのではないか、と評価されている。

ともあれ、歴史的経過としては一九四二年のいわゆる「満鉄事件」が発生するにおよび、京大助教授に栄転していた大上末広は、これに連座し新京監獄未決監で獄死する。一方、天野先生もこの「事件」のとばっちりを受け、満鉄調査局を遂われ、大連図書館に蟄居を余儀なくさせられる。実地研究の自由を奪われることにより、中国古農書を繙く身となったのである。とすれば歴史研究と現状分析が分離しがちな中国研究にあって、天野先生の傑出した点は両者が密接に結合していることであるが、こうした学風は「満鉄事件」という偶然の契機から生まれたものである。やはり余談になるが、天野先生と大上末広、それに両者に大きな影響を与えた橘僕との関係について、山本秀夫氏が執筆構想を練っていると聞く。

敗戦後、大連から引揚げた天野先生は、京大人文研究所に迎えられる。この間の事情に関しては多くをうかがってないが、今西錦司氏とともに「万年講師」であったという。その後一九五五年に大阪市大に教授として転出し、一九六二年には前述のように、総研から出した『中国農業史研究』で学士院賞を受賞している。この時の天皇に対する進講では、中国の貧農・下層中農が共産党の指導の下、いかに土地改革、集団化に立ち上がったか、というテーマで話されたと聞くが、先生の人柄であろう。

大阪市大を六四年に定年退職したあと、天野先生は追手門大学の教授に迎えられる。女子学生の多い同大学での講義が、あるいは先生の学問の「若さ」を保つ秘訣であったかも知れない。そしてここ数年の間、天野先生は京都の院生グループで組織する研究会にはいりこみ、例会には欠かさず参加し、孫ほどの年齢の研究者と議論をたたかわせている。また上京した折りに

とはいえ、戦前には調査期間に籍を置き、また戦後においても国内の研究機関の在職期間がコマギレであったせいか、先生のいわゆる門下生、あるいは直弟子にあたる方は、寡聞にして見出し難い。最近でこそ筆者のような「押しかけ」的な生徒もいるようであるが、先生の学風を全面的に受け継いでいるような後継者はいないと言って良いだろう。いずれにせよ天野先生の場合、既成のアカデミズムにはおさまりきらなかったように見うけられる。それは先生の学問的遍歴によるところが大きいと思われるが、東畑氏が学問を楽しんでいる「うらやむべき学徒」とみじくも述べたような、自由闊達な好奇心によるところもあろう。

このように書くと、天野先生がいかにも研究一筋に生きてきたように思われる向きもあろう。確かに先生自身、若い頃に文章を活字化する喜びを感じ、今日まで研究を続けてきたと述べているが、以前に先生が筆者に語ったところでは、必ずしも学問の虫というイメージではなかった。先生が言われるに、山手樹一郎の小説が大好きだそうで、小説を読んでいて佳境に入るとそこでやめ、本をパタンと閉じ、一勉強する。食事の時においしいものをとっておくように、勉強のあとの楽しみをとっておいて勉強の励みにしているというのである。老碩学の意外な言葉に、筆者としても大いに意を強くしたわけであるが、こうしたことをあっさり言うのも先生らしいところであった。

天野先生に最後にお目にかかったのは、昨晩夏、京大東南アジア研究センターの主催で行われた江南デルタ開拓史シンポジウムの席上であった。このシンポジウムの主旨は、歴史研究者と研究センターの地域研究者が知恵を出し合って、長江デルタの一千年以上にわたる開拓史を再構成しようという雄大なものであった。文献史料に通じた東洋史研究の大家たちが、自然科学の研究者によって次々と実証的に粉砕されていく中にあって、みずからに対する指摘を「勉強になった」と率直に喜んでい

た天野先生の姿が印象的であった。

このシンポが機縁となり、天野先生、渡部忠世東南アジア研究センター所長ら数名が、中国社会科学院農業経済研究所の招待で今年春に中国を訪れることになった。筆者も天野先生のカバン持ちで末席をけがすことになっていたが、先生の病気でこの訪中の件は延期になっていた。高齢にもかかわらず先生が腎臓摘出手術を受けたのは、元気で中国の土を再度踏みたいという一心からであったが、手術後、ドクターストップがかかったのである。本年七月に社会科学院農業経済研究所詹武所長がわが総研を訪れた際、私は天野先生からの書簡を手渡すとともに、秋にはきっと健康も回復し訪中できると伝えたが、それも実現できなくなってしまった。

研究生活の半生を中国で過ごした天野先生は、誰よりも中国行きを熱望していた。旧知の学者とさぞかし語らいたかったであろう。こうした結果がわかっていたならば、手術をする前に無理してでも中国にお連れするのであったと悔やまれてならない。

訪中を断念したあと、天野先生はあと三年生きたいと言ったという。シリーズで出版される予定であった大作『中国社会経済史』は第二巻の校正の段階にあり、この間に書きためた残りの数千枚の原稿に手を加える仕事が残っていたのである。さらに伝え聞くところでは、われわれ「天野本研究会」の質疑に答えるべく、旧著に手を入れたいとのことであった。東京でこの種の研究会が行われていることに対し、天野先生はわがことのように喜び、書面による質問にも逐一答えて下さっていた。

先生を失った今、われわれは改めて先生の存在、先生の業績の大きさに驚かざるをえない。

（転載にあたり、一部表現を改めている―筆者）

流通経済大学・天野元之助文庫目録

作成・原 宗子
村上 陽子

図書館整理番号	編著者名	書名	出版社	刊年
022//13	毛春翔	古書版本常談	上海人民出版社	一九七七
222//244	郭沫若	青銅時代	人民出版社	一九五四
302//459	教育與文化社編	中國教育學術與文化	中國新聞出版發行公司	一九五五
222//245	顧頡剛	秦漢的方士與儒生 修正版	上海圖書發行公司	一九五五
122//27	朱謙之	李贄 十六世紀中國反封建思想的先驅者	湖北人民出版社	一九五三
377//660	中國新聞出版公司編	中華民國大學誌 丁惟汾先生八秩榮慶祝賀論文集	中國新聞出版公司	一九六四
124//15	張其昀	孔子傳（中國文化叢書）	臺北中央文物供應社	一九五四
		文史哲 1957年第8期	山東大學	一九五七
124//16	楊榮國	中國古代思想史	三聯書店	一九五五
611//579	王亞南	中國地主經濟封建制度論綱	華東人民出版社	一九五四
222//246	王鐘翰	清史雜考	人民出版社	一九五七
222//247/1	王仲犖	魏晉南北朝史 上冊	上海人民出版社	一九七九
611//580	王毓銓	明代的軍屯	中華書局	一九六五
222//248/1	郭沫若編	中國史稿 第一冊	人民出版社	一九七六
222//248/2	郭沫若編	中國史稿 第二冊	人民出版社	一九七九
611//581	韓國磐	隋唐的均田制度	上海人民出版社	一九五七
222//249	韓國磐	柴榮	上海人民出版社	一九五六
222//250	韓國磐	隋朝史略	華東人民出版社	一九五四
222//251	韓國磐	隋唐五代史綱	三聯書店	一九六一

索书号	作者	书名	出版社	年份
222/251A	韓國磐	隋唐五代史綱（修訂本）	人民出版社	一九七八
222/252	紀庸	漢代對匈奴的防御戰爭	上海新知識出版社	一九五五
222/253	金景芳	中国奴隸社会的几个问题	中華書局	一九六二
399/3	銀雀山漢墓竹簡整理小組編	孫臏兵法	文物出版社	一九七五
222/254	顧維勤	從考古史料中看商周奴隸社会的階級压迫	中華書局	一九七五
222/255	吳楓	隋唐五代史	人民出版社	一九五八
923/32	吳晗	金瓶梅與王世貞　其著作時代及其社會背景	三聯書店	一九四九
289/SH99-1	吳晗	朱元璋傳（影印）	三聯書店	一九五五
362/54	侯外廬	中国古代社会史論	人民出版社	一九五五
222/256	史紹賓編	中国封建社会農民戰争問題討論集	三聯書店	一九六二
222/257	漆俠	王安石變法	上海人民出版社	一九五九
042/1/10	朱東潤　李俊民　夢竹風主編	中華文史論叢　一九七九年第二輯（總第十輯）	上海古籍出版社	一九七九
289/J52-2	周慶基	成吉思汗	上海新知識出版社	一九五五
222/258/1	周谷城	中國通史　上	新知識出版社	一九五五
222/258/2	周谷城	中國通史　下	新知識出版社	一九五六
222/259	徐德隣	三國史講話	犀聯出版社	一九五五
222/260	尚鉞主編	中國歷史綱要	人民出版社	一九五四
222/261	宋晞	宋史研究論叢	中國文化研究所	一九六二
042/1/2	中華書局上海編輯所編輯	中華文史論叢　第二輯	中華書局	一九六二
222/262/1	中国社会科学院歷史研究所清史研究室編	清史論叢　第一輯	中華書局	一九七九

索书号	著者	书名	出版社	年份
222/263	張維華	論漢武帝	上海人民出版社	一九五七
222/264	張謙編注	中國古代著名戰役選注	上海人民出版社	一九七五
222/265	張舜徽	中國歷史要籍介紹	湖北人民出版社	一九五五
222/266	鄭拓	論中國歷史的几个問題	三聯書店	一九五九
611/582	鄭天挺 孫鉞 等編	明末農民起義史料	中華書局出版	一九五四
222/267	內蒙古大學蒙古史研究室編	中國古代北方各族簡史	內蒙古人民出版社	一九七九
222/268	馬少僑編著	清代苗民起義	湖北人民出版社	一九五六
222/269	福州教師進修學院編	歷史 修訂本（中学生学習叢書）	福建人民出版社	一九七八
222/270	文史哲雜誌編輯委員會編	中國古史分期問題論叢（文史哲叢刊第二輯）	中華書局	一九五七
375/254	北京市中小學教職員學習委員會編	歷史教學講座（北京市一九五〇年暑期教師學習講座專輯）	大眾出版社	一九五四
222/271	楊寬	秦始皇	上海人民出版社	一九五六
222/272	楊寬	戰國史	上海人民出版社	一九五五
222/273	楊志玖編	隋唐五代史綱要	上海人民出版社	一九五七
222/273A	楊志玖編	隋唐五代史綱要	新知識出版社	一九五五
222/274	楊樹達	漢書窺管	科學出版社	一九五五
222/275	楊亞農	中國的奴隸制與封建制	華東人民出版社	一九五四
222/276	李亞農	李亞農 史論集	上海人民出版社	一九六二
222/277	李光璧 錢君曄	中國農民起義論集	三聯書店	一九五四
222/278	李光璧編	明清史論叢	湖北人民出版社	一九五七
222/279	李光璧	明朝史略	湖北人民出版社	一九五七

索書號	著者	書名	出版社	年
282/13	李光璧 錢君曄編	中國歷史人物論集	三聯書店	一九五七
222/280	李洵	明清史	人民出版社	一九五六
222/281	劉開揚	秦末農民戰爭史略	人民出版社	一九五九
222/282	梁啓超	中國歷史研究法	商務印書館	一九二二
S644	梁啓超	中國歷史研究法 中國文化史稿第一編	商務印書館	一九四七
222/283	歷史教學月刊社編	中國農民起義論集（歷史教學叢刊第一輯）	五十年代出版社	一九五四
222/284	歷史研究編輯部編	中國古代史分期問題討論集	上海中華書局	一九五七
222/285	呂振羽	簡明中國通史	三聯書店	一九五五
204/44	呂振羽	史學研究論文集	華東人民出版社	一九五四
222/286	翦伯贊	歷史問題論叢	人民出版社	一九五六
222/287	翦伯贊 邵循正 胡華編著	中國歷史概要	人民出版社	一九七九
222/288/1	翦伯贊編	中國史綱要 全四冊（第1冊）	人民出版社	一九六四
222/288/4	翦伯贊編	中國史綱要 全四冊（第4冊）	人民出版社	一九六四
222/288/3	翦伯贊編	中國史綱要 全四冊（第3冊）	人民出版社	一九六三
222/288/2	翦伯贊編	中國史綱要 全四冊（第2冊）	人民出版社	一九六五
222/289	趙儷生 高昭一	中國農民戰爭史論文集	新知識出版社	一九五四
		文史哲 1955年第7期至第12期 合訂本	山東大學	一九五五
		文史哲 1956年第2期	山東大學	一九五六
		文史哲 1957年第7期	山東大學	一九五七
		文史哲 1957年第9期	山東大學	一九五七
		文史哲 1957年第5期	山東大學	一九五七

索书号	编者	书名	出版社	年份
222.07//32//1	何幹之主編	中国现代革命史 上册	高等教育出版社	一九五七
222.07//33	河北北京師範学院歷史系三年級編	中華人民共和国史稿（影印）	人民出版社	一九五八
222.07//2	卿汝楫	美國侵華史 第二卷	三聯書店	一九五六
222.07//34	近代史資料編輯組編	五四爱国運動資料（近代史資料）	科学出版社	一九五九
222//291	金家瑞	义和团運動	上海人民出版社	一九五七
923//33	金敬邁	欧阻海之歌	人民出版社	一九六六
222.07//35	湖北人民出版社編	回憶鄂豫皖邊區的革命鬥爭	湖北人民出版社	一九五八
222.07//36	胡恩澤編	回憶第三次国内革命战争時期的上海学生運動	上海人民出版社	一九五一
315//43	胡喬木	中國共産黨的三十年	人民出版社	一九五一
312//302	胡繩	帝國主義與中國政治	解放軍文芸社出版	一九六六
222.07//37	紅旗飄飄編輯部編	解放战争回憶錄	中国青年出版社	一九六一
222.07//38	薩坡什尼柯夫著 斉志新訳	一九二四—一九二七年中国第一次国内革命战争（軍事史略）	湖北人民出版社	一九五八
222.07//39	史学双周刊社編	第二次国内革命战争時期史事論叢	三聯書店	一九五六
222//292	志杰編	武昌起义的故事	羣盆堂出版	一九五六
222.07//40	周善培	辛亥四川爭路親歴記	重慶人民出版社	一九五七
222//293	章回 包村 等編	上海近百年革命史話—背傷—	上海人民出版社	一九六二
S645//2	上海人民出版社編	人民公社好 第一·二輯（社会主義経済建設学習資料）上海人民出版社	新知識出版社	一九五八
222.07//41	新知識出版社編	第一次国内革命战争時期的几件史実	新知識出版社	一九五六
222.07//42	人民手册編輯委員会編	人民手册 1956	大公報社	一九五六
	人民出版社編	一二九運動（中國現代史資料叢刊）	人民出版社	一九五四

請求記号	著者	書名	出版社	出版年
222.07//43	人民出版社編	第一次國內革命戰爭時期的工人運動	人民出版社	一九五四
611//583	人民日報	人民公社的強大生命力 人民日報文選 一九五九年第一輯	人民日報出版社	一九五九
312//303	人民日報 他	革命委員會好	三聯書店	一九六八
125//16	人民文学出版社編	鲁迅批孔反儒文輯	人民文学出版社	一九七四
222.07//44	戴逸編著	中國近代史稿 第一卷	人民出版社	一九五八
222.07//45	中央革命博物舘籌備処編	二万五千里長征	文物出版社	一九五八
222//294	丁名楠 他著 中國科學院歷史研究所編	帝國主義侵華史 第一卷	科學出版社	一九五八
222.07//46/3	中國人民政治協商会議湖北省委員会編	辛亥首義回憶録 第三輯	湖北人民出版社	一九五七
222.07//46/1	中國人民政治協商会議湖北省委員会編	辛亥首義回憶録 第一輯	湖北人民出版社	一九五七
S646	張帆	中國工人階級和中國共産黨	華東人民出版社	一九五四
222.07//47	張國淦編	辛亥革命史料	龍門聯合書局	一九五八
222.07//48	陳旭麓	辛亥革命	上海人民出版社	一九五五
289//S041-2	陳錫祺	同盟会成立前的孫中山	廣東人民出版社	一九五七
316//251	陳伯達	關於十年內戰	人民出版社	一九五一
S647	陳伯達	讀「湖南農民運動考察報告」	人民出版社	一九五三
222.07//49	陳從一	皖南事變前後	華東人民出版社	一九五三
309//295	哲学研究編集部編	人民公社向共産主義過渡的問題	科學出版社	一九五八
222//295	馬士著 章巽 他訳	中華帝國對外関係史 第一卷	三聯書店	一九五七
289//B17-2	馬志超	好社長萬紹鶴	江西人民出版社	一九六四
		文史哲 1956年第3期	山東大學	一九五六

索書號	著者	書名	出版社	年份
335.7//55	文匯報編	人民公社問題資料	文匯報	一九五九
222.07//50//2	北京四史叢書編輯委員会編	南彩風暴五十年（北京四史叢書2）	北京出版社	一九六四
222.07//51	穆欣	南線巡迴	三聯書店	一九五三
332.//958	毛澤東	經濟問題與財政問題	新民主出版社	一九四九
925//1	楊述	記一二九	北京出版社	一九六一
222.07//52	楊松 鄧力羣 榮孟源 編	中國近代史資料選輯	三聯書店	一九五四
222.07//53	羅伽編	辛亥革命時期兩湖地區的革命運動	三聯書店	一九五一
222.07//54	李時岳	辛亥革命中的武裝鬥爭	通俗讀物出版社	一九五六
376.//54	梁曉明編	五卅運動	遼寧人民出版社	一九五四
S648	遼寧省教育庁編	發展耕讀小学 普及小学教育	中華書局	一九六五
S649	林增平編	辛亥革命（知識叢書）	中華書局	一九六二
222.07//55	歷史研究編集部編	中國近代史分期問題討論集	三聯書店	一九五七
309//334	廖蓋隆	中國的社会主義改造	中國青年出版社	一九五五
222//296	榮孟源	中國近百年革命史略	三聯書店	一九五四
316//252	鄒容	革命軍	中華書局	一九五八
222.07//56	黎澍	辛亥革命前後的中國政治	人民出版社	一九五四
309//335	毛澤東	毛澤東著作選讀（維吾爾文）乙種本	民族出版社翻訳出版	一九六四
309//336	毛澤東	毛澤東著作選讀（藏文）乙種本	民族出版社翻訳出版	一九六五
292//157	王庸	中國地理學史	上海商務印書館	一九三八
222//297	黄得時	臺北市沿革志稿		一九六一
289//S081-1	王金明 傳人傑	新型農民宋喜明	江西人民出版社	一九五四

索書號	著者	書名	出版社	年份
610//61	王毓瑚	中國古代農業科學的成就	科學普及出版社	一九五七
610//62	夏緯瑛校釋	呂氏春秋上農等四篇校釋（中國古農書叢刊）	農業出版社	一九六一
616//14	科学普及出版社编	小麦产量冲天高	科学普及出版社	一九五八
616//15	河南省偃師県岳灘公社岳灘大隊党支部編	小麦高産穩産低成本	農業出版社	一九七六
616//16	華北農業科學研究所小麦綜合研究組編	河北、山西冬小麦栽培技術研究（一九五三—一九五五年）	財政經濟出版社	一九五七
610//63//2	吉柏成 傅育林	植樹造林戰風沙（全国大寨式農業典型）	農業出版社	一九六六
610//63//3	許若晞編著	躍進的陳川県	農業出版社	一九六六
613//10	共青團中央青農部編	為革命高農業科學實験	中国青年出版社	一九八六
616//17//1	金善宝主編	中国小麦栽培学 上	農業出版社	一九六一
616//17//2	金善宝主編	中国小麦栽培学 下	農業出版社	一九六一
618//1	胡竟良	中國棉産改進史	上海商務印書館	一九四五
614//23	広東省第一机械工業局編	農村小五机	広東人民出版社	一九七二
618//2	江蘇省農業科學研究所編	棉花育種技術	上海人民出版社	一九六一
610//63//4	紅雨	送瘟神改自然創高産（全国大寨式農業典型）	農業出版社	一九六六
611/584	財政經濟出版社編	新中国的新農村	財政經濟出版社	一九五五
610//64	山西日報編輯部編	怎樣学大寨赶先選	農村讀物出版社	一九六五
S650	山東人民出版社編	東張屯的巨変	山東人民出版社	一九六六
B83	四川省広漢県北外公社党委会	三熟制油菜生産実践	農業出版社	一九七七
610//65	謝俊華	靠「窮棒子」精神辨農業機械化	農業出版社	一九六六

索書號	編著者	書名	出版社	年份
222.07//57	集古村村史編寫組編	集古村恩仇記	中国青年出版社	一九六四
375//255//1	渚乙然	農業(復興初級中學教科書) 第一冊 農業大意	商務印書館	一九三四
375//255//2	渚乙然	農業(復興初級中學教科書) 第二冊 作物	商務印書館	一九三四
626//9	尚堯編	荷塘——国営農場的一面紅旗	農業出版社	一九六五
630//5	章楷編	蠶業史話(中国歷史小叢書)	中華書局	一九六三
614//24	上海市機動水稻播秧機会議組編	機動水稻播秧機(農業機械化小叢書) 二版	上海人民出版社	一九七三
611//585	上海人民出版社編	下丁家人創業之路	上海人民出版社	一九七五
610//66	上海文化出版社編	生產斗争和科学實験故事集	上海文化出版社	一九六五
611//586	新華社編	全国農業学大賽先進典型経験選編	人民出版社	一九七五
610//67	人民出版社	一九七八年農家暦	人民出版社	一九七八
610//68//2	人民日報出版社	人民日報農業科学文選 第二輯	人民日報出版社	一九六四
616//18	水稻生產技術問答編寫組編	水稻生產技術問答	上海人民出版社	一九七四
610//63//5	石林編	敢教沙石換地天(全国大寨式農業典型)	農業出版社	一九六六
612//191	石聲漢	從齊民要術看中国古代的農業科学知識	科学出版社	一九五七
626//10	孫醒東	重要緑肥作物栽培	科学出版社	一九五八
610//69	大寨大隊理論組 北京大学生物系 注	斉民要術選釈	科学出版社	一九七五
S651//3	中央人民広播電台農村部編	農業科学技術広播	農業出版社	一九六六
610//70//1	中華人民共和国農業部農政總局編	農業生產合作社参考資料 第三集	財政経済出版社	一九五四
610//70//2	中華人民共和国農業部主編	水稻栽培(農業生產技術基本知識)	農業出版社	一九六五

請求記号	編著者	書名	出版社	出版年
610/70/3	中華人民共和国農業部主編	麦類栽培（農業生産技術基本知識）	農業出版社	一九六三
610/70/4	中華人民共和国農業部主編	麻類栽培（農業生産技術基本知識）	農業出版社	一九六四
610/70/5	中華人民共和国農業部編	糖料作物栽培（農業生産技術基本知識）	農業出版社	一九六三
610/70/6	中華人民共和国農業部編	土壌（農業生産技術基本知識）	農業出版社	一九六四
610/70/7	中華人民共和国農業部編	農村養魚（農業生産技術基本知識）	農業出版社	一九六四
611/587	中華人民共和国農業部辨公庁編	国営農場工作経験選編	農業出版社	一九六四
626/11	中華人民共和國農業部農業宣傳總局編	蔬菜栽培（農業生産技術基本知識 第九分冊）	財政經濟出版社	一九五六
616/19	中華人民共和國農業部糧食生産總局編	小麦増産典型經驗 麦田管理	通俗讀物出版社	一九五六
616/20	中華人民共和國廣播電台文教科学編輯部編	農業科学技術広播 1	農業出版社	一九六四
611/588/1	中華全国自然科学専門学会連合会編	小麦高額生産経験	科学普及出版社	一九五八
611/588/2	中共江西省委農村工作部編	用大寨精神改変低産面貌（江西農業生産先進経験叢書）	江西人民出版社	一九六六
611/588/3	中共江西省委農村工作部編	突出政治創高産	江西人民出版社	一九六六
610/63/6	中共江西省瑞昌県委 他編	鉄肩勝大橋人（全国大寨式農業典型）	江西人民出版社	一九六六
610/63/7	中共黒龍江省委農村工作部編著	立愚公志再造山河	農業出版社	一九六六
613/15	中国科学院南京土壌研究所編写組	我国最北部地区的一面紅旗	農業出版社	一九六六
611/589	中国共産党農墾部政治部宣伝部編	土壌知識（青年自学叢書）	上海人民出版社	一九七六
611/590	中国共産党孟県委員会編	突出政治辨農場—国営農場政治工作経験選編—	農業出版社	一九六四
		学大寨人 走大寨路 建大寨田	農業出版社	一九六五

索書號	編著者	書名	出版社	年份
616/21	中国農業科学院華東農業研究所編	小麦生産技術	科学衛生出版社	一九五八
633/2	中国農業科学院蚕業研究所主編	中国桑樹栽培学	上海科学技術出版社	一九六一
618/3	中国農業科学院棉花研究所編	棉花育種和良種繁育（作物育種和良種繁育叢）	農業出版社	一九七四
610/63/8	中国共産党林縣委員会編著	重新安排林縣河山	農業出版社	一九六六
610/71	中国共産党中央委員會	關於發展農業生產合作社的決議及其有關文件	人民出版社	一九五五
618/4/1	中國農業遺產研究室編輯	中國農學遺產選集 甲類第八種 麻類作物（上編）	中華書局	一九六二
616/22	丁穎主編	中国水稲栽培学	農業出版社	一九六七
616/22A	丁穎主編	中国水稲栽培学	農業出版社	一九六四
618/5	朝陽農学院農学系編	棉花	人民教育出版社	一九七六
611/591	唐振景他編	沙石峪	人民出版社	一九七四
613/16	土壌知識編写組編	土壌知識	上海人民出版社	一九七二
611/592	農業出版社編	学大寨的生力軍	上海人民出版社	一九七七
616/23	湯起麟編著	玉米	農業出版社	一九五六
616/24	農業部糧食作物生産局編	1958年小麦豊産経験彙編	農業出版社	一九五九
610/63/1	農業出版社編輯	大寨紅旗飄	農業出版社	一九七七
613/17	農林部農墾局編	国営農場農業技術手冊	上海人民出版社	一九七四
613/18	肥料知識編写組編	肥料知識	上海人民出版社	一九七五
222.07/50/1	復旦大学肥料函授組編	肥料及其合理施用（上海市業余函授教材）	上海科学技術出版社	一九七五
222.07/50/6	北京四史叢書編輯委員会編	前僕后継創江山（北京四史叢書1）	北京出版社	一九六四
613/19	北京市農村科学実験小組経験選編	深入開展農村科学実験活動	北京出版社	一九六六

索书号	著者	书名	出版社	年份
610//72	北京人民廣播電台農村組編写	大寨　農業戰綫上的一面紅旗	農業出版社	一九六五
383//135	万国鼎編	五穀史話（中國歷史小叢書）	中華書局	一九六一
611//594	毛澤東	農村調査	解放社	一九四九
626//12	劉光輝　王毅	荷塘——社会主义时代的南泥湾	江西人民出版社	一九六五
618//6	劉鴻者	我国的麻——増訂本——	財政經濟出版社	一九五七
89//TE21-1	傅柏林　戈克編著	火箭隊隊長丁長華	江西人民出版社	一九六六
630//6	怎様栽桑養蚕編写組編	怎様栽桑養蚕	上海人民出版社	一九七三
610//63//9	汾文編著	盂县—大寨之花（全国大寨式農業典型之一）	農業出版社	一九六六
616//25	浙江農業大学農学系編	水稲（農村科学実験叢書）	科学出版社	一九七六
615//15//1	浙江農業大学編	作物栽培学　上	上海科学技術出版社	一九六一
615//15//2	浙江農業大学編	作物栽培学　下	上海科学技術出版社	一九六一
611//595	經濟資料編輯委員会編	八省農村經濟典型調査	財政經濟出版社	一九五七
616//26	范洪良	水稲基礎知識	上海人民出版社	一九七四
614//25	陝西省水土保持局	倒行子平整土地（水土保持科技叢書）	水利電力出版社	一九六六
610//63//10	陝西省水利電力庁編	立下愚公志　坡溝変良田（全国大寨式農業典型）	農業出版社	一九六六
626//13	厲家寨編写組編	厲家寨	農業出版社	一九六六
610//73	憺英賢編	花生及其栽培	科学技術出版社	一九五六
614//26//1	第二軽工業部農具五金局主編	耕地整地機具（農業機具叢書第一輯）	軽工業出版社	一九六六
614//26//8	第二軽工業部農具五金局主編	飼料加工機具（農業機具叢書第八輯）	軽工業出版社	一九六六
614//26//5	第二軽工業部農具五金局主編	排潅打井機具（農業機具叢書第五輯）	軽工業出版社	一九六六

30

索書號	著者	書名	出版社	年份
222//298	茅左本編	我們祖先的創造發明	上海人民出版社	一九五七
586//92	上海市紡績科學研究院紡績史編寫組	紡績史話（中国科技史話叢書）	上海科學技術出版社	一九七八
530//24//1	劉仙洲編著	中國機械工程發明史 第一編	科學出版社	一九六二
490//113	呂廣註　王九思輯	難經集註	上海商務印書館	一九五五
499//39//1	趙學敏輯	本草綱目拾遺　上	上海商務印書館	一九五四
499//39//2	趙學敏輯	本草綱目拾遺　下	上海商務印書館	一九五四
502//55	錢偉長	我國歷史上的科學發明	中國青年出版社	一九五三
471//31	錢家駒	吉林省九台縣土門嶺附近的植物調查（植物生態學與地植物學資料叢刊第一六號）	北京科學出版社	一九五七
332//959	孔經緯	中國經濟史上的幾個問題	上海人民出版社	一九五七
502//56	周秀鸞編	第一次世界大戰時期中國民族工業的發展	上海人民出版社	一九五八
332//960	尚鉞	中國資本主義關係發生及演變的初步研究	三聯書店	一九五六
669//14	戴裔煊	宋代鈔鹽制度研究	商務印書館	一九五七
332//961	中國人民大學中國歷史教研室編	中國封建經濟關係的若干問題	三聯書店	一九五七
332//962	中國人民大學中國歷史教研室編	明清社會經濟形態的研究	上海人民出版社	一九五七
289//J56-1	陶希聖編	徐愚齋自叙年譜——上海開埠後1842～1911之經濟概況—（中國經濟史料叢編清代篇）	食貨出版社	一九七七
332//963	李劍農	宋元明經濟史稿	三聯書店	一九五七
222//299	劉道元著　陶希聖校	兩宋田賦制度（中國社會史叢書）	新生命書局	一九三三
337//142	魏建猷	中國近代貨幣史	犀聯出版社	一九五五
322//168	國務院法制局編	中国法制史参考書目簡介	法律出版社	一九五七

索書號	著者	書名	出版社	年份
222//301	河北省博物館編	藁城台西商代遺址	文物出版社	一九七七
222//303	尹達	中國新石器時代	三聯書店	一九五五
222//299	劉道元著 陶希聖校	兩宋田賦制度（中國社會史叢書）	新生命書局	一九三三
222//300	河南省安陽市文化局編	殷墟 奴隸的社會的一个縮影	文物出版社	一九七六
222//302	許順湛編著	燦爛的鄭州商代文化	河南人民出版社	一九五七
222//304	賈蘭坡	中国大陸上的遠古居民	天津人民出版社	一九七八
222//305	于省吾	甲骨文字釋林	中華書局	一九七九
611//596/1	南開大学歴史系中国古代史教研室編	中國封建社會土地所有制形式問題討論集 上	三聯書店	一九六二
611//596//2	南開大学歴史系中国古代史教研室編	中國封建社會土地所有制形式問題討論集 下	三聯書店	一九六二
611//597	歷史研究編輯部編	中國歷代土地制度問題討論集	三聯書店	一九五七
750//11	譚旦冏編著	中華民間工藝圖說（中華叢書）	中華叢書委員會	一九五六
825//39//1	馬建忠編	馬氏文通 上	上海商務印書館	一九二九
825//39//2	馬建忠編	馬氏文通 下	上海商務印書館	一九二九
828//14	北京大学中国語言文学系語言学教研室編	漢語方言詞彙	文字改革出版社	一九六四
222//305	于省吾	甲骨文字釋林	中華書局	一九七九
928//22//1	蒲松齡著 路大荒整理	蒲松齡集 上	中華書局	一九六二
928//22/2	蒲松齡著 路大荒整理	蒲松齡集 下	中華書局	一九六二
289//KA21-2	海兵	半年東・半年西	馬来亜出版印務公司	一九五九

請求記号	著者	書名	出版社	年
921/37	衡塘退士編	唐詩三百首	書籍文物流通會	一九六七
123/10	人民文学出版社編輯部編	詩經研究論文集	人民文學出版社	一九五九
920/53	南宮生	金瓶梅簡説	香港大源書店	
222/306/1	葉昌熾撰	語石 上（國學基本叢書）	商務印書館	
222/306/2	葉昌熾撰	語石 下（國學基本叢書）	商務印書館	
923/34	姚霊犀	瓶外卮言―采華学術双書第二号―（孔版）	采華書林	一九六二
		文史哲 1956年第1期	山東大學	一九五六
		文史哲 1955年第1期至第6期 合訂本	山東大學	一九五五
		文史哲 1961年第1期 復刊号	山東大學	一九六一
		文史哲 1956年第4期	山東大學	一九五六
923/35	魯迅	故事新編	人民文學出版社	一九五四
923/36	魯迅	吶喊	魯迅先生紀念委員會	一九四九
302/460	アジア経済研究所編	中国文化関係文献目録（アジア・アフリカ文献解題2）	アジア経済研究所	一九六八
029/223	鹿児島大学附属図書館編	岩元文庫目録 鹿児島大学蔵	鹿児島大学附属図書館	一九六七
289/K095-4	小野和子	黄宗義（中国人物叢書）	人物往来社	一九六七
289/091-1	谷光隆	王陽明（中国人物叢書）	人物往来社	一九六七
S652	保田清	王陽明（教養文庫）	弘文堂	一九四二
S361/226A	伊藤道治	古代殷王朝のなぞ（角川新書）	角川書店	一九六七
222/40A	貝塚茂樹編	古代殷帝国	みすず書房	一九五七

請求記号	著者	訳者等	タイトル	出版社	年
222.07//58	宮崎市定		中国に学ぶ	朝日新聞社	一九七一
209//14//8A	京都帝國大學人文科學研究所		東亜人文學報 第二巻 第四號	弘文堂書房	一九四三
222//307	京都帝國大學人文科學研究所		東亜人文學報 第三巻 第二號	弘文堂書房	一九四三
222//307	佐野袈裟美		中國歴史讀本	白揚社	一九四八
222//72B	小倉芳彦		逆流と順流—わたしの中国文化論—	研文出版	一九七八
220//67	小倉芳彦		吾レ龍門ニ在リ矣 —東洋史学・中国・私—	龍渓書舎	一九七四
S653//8	小島祐馬		中國の革命思想 (アテネ新書)	弘文堂	一九五〇
292//158	曾我部静雄		開封と杭州 (支那歴史地理叢書)	冨山房	一九四〇
220//68//1	田村実造	羽田明監修	中国史 全3巻 (アジア史講座第1巻)	岩崎書店	一九五五
220//68//2	田村実造	羽田明監修	中国史 全3巻 (アジア史講座第2巻)	岩崎書店	一九五五
220//68//3	田村実造	羽田明監修	中国史 全3巻 (アジア史講座第3巻)	岩崎書店	一九五五
220//68//4	田村実造 監修		北アジア史 (アジア史講座 第4巻)	岩崎書店	一九六六
362//55	廣島文理科大學東洋史學研究室編		東アジアの社會—廣島文理科大學東洋史學研究室紀要第一冊—	目黒書店	一九四八
222.07//59	ウェールズ	浅野雄三訳	人民中国の夜明け (現代史の証言双書)	新興出版社	一九六五
312//304//1	ウェールズ	陸井三郎訳	紅い塵—新中国の革命家たち— 上巻	新評論社	一九五三
312//305	ストロング	原勝訳	転換期支那	改造社	一九三六
302//461	ストロング	山本譲二訳	中国人は中国を征服する	筑摩書房	一九五二

請求記号	著者	訳者等	書名	出版社	年
926/5/1	ストロング	藤村俊郎訳	中国からの手紙 I	みすず書房	一九六五
209/143	スノー	松岡洋子訳	目覚めへの旅	紀伊國屋書店	一九六五
926/6	スメドレー	中理子訳	中国の運命	東邦出版社	一九六九
319/482	メーネルト	河原田健雄訳	北京・モスクワ	時事通信社	一九六五
933/176	モース	外山軍治訳	太平天国異聞	創元社	一九六五
282/14	井貫軍二		孫文と毛澤東 ——私の中國觀——	教育タイムス社	一九五〇
332/25/55A	河北省懐来県麦田人民公社編	有田忠弘訳	麦田人民公社史（研究参考資料第55集）	アジア経済研究所	一九六三
222.07/60	華崗 著　天野元之助　池田誠　河地重造 訳		五・四運動史——植民地化とのたたかい——	創元社	一九五二
222/308	外山軍治		太平天國と上海	高桐書院	一九四七
392/45	外文出版社編		中国赤軍物語	外文出版社	一九六八
025/44/1	近代中国研究センター編		中国関係日本文雑誌論説記事目録 I	近代中国研究センター	一九六四
029/224/1	近代中国研究センター編		東洋文庫近代中国研究室 欧文図書目録 I	近代中国研究センター	一九六二
029/224/2	近代中国研究センター編		東洋文庫近代中国研究室 欧文図書目録 II	近代中国研究センター	一九六五
025/45/1	近代中国研究センター編		東洋文庫近代中国研究室 中文図書目録 I	近代中国研究センター	一九六五
025/45/2	近代中国研究センター編		東洋文庫近代中国研究室 中文図書目録 II	近代中国研究センター	一九六五
025/45/3	近代中国研究センター編		東洋文庫近代中国研究室 中文図書目録 III	近代中国研究センター	一九六五
025/46/2	近代中国研究センター編		東洋文庫近代中国研究室 邦文図書目録	近代中国研究センター	一九六五
027/55	近代中国研究センター編		東洋文庫所蔵 現代中国人 詩文集・全集・伝記・年譜目録（近代中国研究センター彙報 12）	近代中国研究センター	一九六八

請求記号	著者	書名	出版社	出版年
289//S041-3	高橋勇治	孫文（東洋思想叢書）	日本評論社	一九四四
222.07//61	坂野正高　田中正俊　衛藤瀋吉編	近代中国研究入門	東京大学出版会	一九七四
289//N32-2	阪谷芳直　鈴木正編	中江丑吉の人間像 —兆民を継ぐもの—	風媒社	一九七〇
319//483	山根幸夫編	近代日中関係史文献目録	東京女子大学	一九七九
222//309	山根幸夫編	光明日報　中国関係論文目録	東京女子大学	一九七一
222.07//62	山根幸夫編	辛亥革命文献目録	東京女子大学	一九七二
612//192	山根幸夫編	中国農民起義文献目録	東京女子大学	一九七六
289//TA14-2	山本秀夫	橘僕（中公叢書）	中央公論社	一九七七
S653//90	小竹文夫　草野文男	現代中國革命史（アテネ新書）	弘文堂	一九五八
289//MA49-6	小野信爾	毛沢東（中国人物叢書）	人物往来社	一九六七
222//66//1A	上原淳道	政治の変動期における　学者の生き方	研文出版	一九八〇
309//337	人民日報編集部　紅旗誌編集部	フルシチョフのエセ共産主義とその世界史的教訓（ソ連共産党中央委員会の公開書簡を評す九）	外文出版社	一九六四
302//462	仁井田陞編　旗田巍　酒井忠夫　倉石武四郎他	中国	毎日新聞社	一九五四
312//306	菅沼正久	中国の社会主義	御茶の水書房	一九七〇
309//338	大阪外国語大学学友会現代中国研究会現代中国研究	中国社会主義の研究　—人民公社の分析—	合同出版社	一九五四
222//310	中共中央毛沢東選集出版委員会訳	毛沢東論文選　第四號	東方書店	一九六七
309//337	中国近代史研究会	中国近代史論文索引稿（一八四〇—一九四九）	中国研究所	一九五七
611//598	中国研究所	中国研究	中国研究所	一九五九
366.6//132	長辛店機関車車輛工場工場史編纂委員会	長辛店鉄道物語 —北方の赤い星—	新日本出版社	一九六五

番号	著者	書名	出版社	年
S654	陳昌奉	長征の頃の毛主席	外文出版社	一九五九
312//307	陳伯達　大阪市立大学中國研究會訳	中國四大家族（現代國民選書）	創元社	一九五三
309//83//1A	東京大學近代中國史研究会訳	毛澤東思想万歳　上	三一書房	一九七四
309//83//2A	東京大學近代中國史研究会訳	毛澤東思想万歳　下	三一書房	一九七四
312//308	藤井高美	中国革命史 ―中国共産党の形成と発展―	世界思想社	一九六七
304//265	藤原鎌兄	北京二十年―中国の胎動と日本の助言―	平凡社	一九五九
222.07//63	藤原鎌兄著　小島麗逸編	革命揺籃期の北京―辛亥革命から山東出兵まで―	社会思想社	一九七四
327.9//24	福島正夫　幼方直吉　長谷川陵一	中国の裁判	東洋経済新報社	一九五七
289//N32-3	鈴江言一　伊藤武雄　加藤惟孝編	中江丑吉書簡集	みすず書房	一九六四
S655	ジャパン・ツーリスト・ビューロー編　上海		日本國際観光局	一九三九
292//159	山根幸夫　細野浩二編	中文地志目録（天理圖書館叢書　第十九輯）	天理大學出版部	一九七一
292//160	天理圖書館	増補　日本現存明代地方志目録	東洋文庫明代史研究室	一九五五
292//161	藤田元春	大陸支那の現實	冨山房	一九三九
	東洋文庫近代中国研究委員会編	近代中国研究彙報　創刊号	東洋文庫	一九七九
	人民中国　1973年6月号　別冊	人民中国　1973年6月号　創刊20周年記念号	人民中国編集委員会　東方書店	一九七三
402//73	今井湊	季刊　香料　第十七號	日本香料協会	一九五一
		中國物理雜識（東方學術協會）	全國書房	一九四六
	中国水利史研究会編	中国水利史研究　第2号	中国水利史研究会	一九六七

請求番号	著者/編者	書名	出版者	出版年
365/139	中国水利史研究会編	中国水利史研究 第3号	中国水利史研究会	一九六七
616/27	中国水利史研究会編	中国水利史研究 第5号	中国水利史研究会	一九七一
402/74	中国水利史研究会編	中国水利史研究 第9号	中国水利史研究会	一九七九
462/2	東方學術協會編	東亜に於ける衣と食	全國書房	一九四六
	稲作史研究会編　盛永俊太郎監修	出土古代米	農林協会	一九五六
586/93	藪内清編	宋元時代の科学技術史	京都大学	一九六七
	澤村幸夫	支那草木蟲魚記	東亜研究會	一九四一
	呉知／信夫清三郎 他共譯	郷村織布工業の一研究（東亜研究叢書第九巻）	岩波書店	一九四二
345/237	大阪市立大学経済研究所中國研究班	中國研究資料 No.1	大阪市立大学	一九五五
	大阪市立大学経済研究所中國研究班	中國研究資料 No.3	大阪市立大学	一九五五
	大阪市立大学経済研究所中國研究班	中國研究資料 No.4	大阪市立大学	一九五五
	大阪市立大学経済研究所中國研究班	中國研究資料 No.6	大阪市立大学	一九五五
	大阪市立大学経済研究所中國研究班	中國研究資料 No.8	大阪市立大学	一九五五
322/169	南部稔	中国租税制度の研究（神戸商科大学研究叢書XV）	神戸商科大学学術研究	一九七六
322/170	仁井田陞	中國法制史（岩波全書）	岩波書店	一九五二
	唐律研究會編	唐律索引稿	唐律研究會	一九五八
202//62/5	白川静	甲骨金文學論叢 五集		一九五七
202//62/1	白川静	甲骨金文學論叢 初集		一九五五
202//62/2	白川静	甲骨金文學論叢 二集		一九五五
202//62/6	白川静	甲骨金文學論叢 六集		一九五七

請求記号	著者	書名	出版社	出版年
596//53	青木正児	華國風味	弘文堂	一九五二
772//41	大島友直編	品梅記	彙文堂	一九一九
913.6//184	中島敦	李陵／弟子（文學新輯）	小山書店	一九四七
612//193	近藤二郎	大阪の農業と農民　近郊農業の発展過程	富民社	一九五五
616//28	木原均	日本東洋醫學會誌　第3巻2號／第4巻1号　合冊	日本東洋医学会	一九四九
612//194	ピーク　延島英一譯	小麦の祖先（百花文庫）	創元社	一九五三
	安達生恒　松浦龍雄	農業の起源	拓南社	一九四三
	安達生恒　野村良樹	農業協同組合の実態　（京都大学人文科学研究所調査報告第6号）	京都大学	一九五二
	河野健二	農村における潜在失業の実態　（京都大学人文科学研究所調査報告第5号）	京都大学	一九五二
	河野健二　森口兼二　溝川喜一	兵庫県朝来郡旧粟鹿村における　農地改革の実態(京都大学人文科学研究所調査報告第13号)	京都大学	一九五六
	河野健二編	漁村の経済構造と生活意識（京都大学人文科学研究所調査報告第17号）	京都大学	一九五九
	宮川満　溝川喜一　田中裕	但馬における大土地所有の形成と変遷（Ⅰ）(京都大学人文科学研究所調査報告第1号)	京都大学	一九五二
	後藤靖	但馬における大土地所有の形成と変遷（Ⅳ）(京都大学人文科学研究所調査報告第11号)	京都大学	一九五三
	後藤靖　高尾一彦	但馬における大土地所有の形成と変遷（Ⅲ）(京都大学人文科学研究所調査報告第7号)	京都大学	一九五二

今西錦司　牧康夫　富川盛道　藤岡喜愛　Rorschach Test による Personality の調査（II）（京都大學人文科學研究所調査報告第9號）　京都大学　一九五三

重松俊明編　山村における青年の生活　（京都大学人文科学研究所調査報告第12号）　京都大学　一九五四

森口兼二　農村近代化の現段階に関する調査報告　（京都大学人文科学研究所調査報告第3号）　京都大学　一九五二

杉之原壽一　但馬における親方・子方関係の実態　（京都大学人文科学研究所調査報告第10号）　京都大学　一九五三

清水盛光　前田正治編　續近世後進地域の農村構造　（京都大學人文科學研究所調査報告第20號）　京都大学　一九六三

清水盛光　前田正治編　近世後進　地域の農村構造　（京都大學人文科學研究所調査報告第19號）　京都大学　一九六一

太田武男　農漁村における内縁の実態　（京都大学人文科学研究所調査報告第4号）　京都大学　一九五二

中村哲　近世先進地域の農業構造　（京都大學人文科學研究所調査報告第21號）　京都大学　一九六五

天野元之助　梅渓昇　但馬における大土地所有の形成と変遷（II）　（京都大学人文科学研究所調査報告第2号）　京都大学　一九五二

藤岡喜愛　Rorschach Test による Personality の調査（I）（京都大学人文科学研究所調査報告第8号）　京都大学　一九五二

40

以下の書籍は、田島俊雄東京大学社会科学研究所教授が北山書店において購入され、本学天野元之助文庫開設を知って、同文庫に寄贈していただいたものである。

請求記号	著者	書名	出版社	出版年
610/74	小泉丹	農村民及ビ其生活ノ調査及ビ考察（慶応医学 別刷 合本）		一九三六
316/253	劉立凱　王眞	一九一九至一九二七年的中國工人運動	工人出版社	一九五三
610/75	胡韋著　童一中節録	胡氏治家略農事編	中華書局	一九五八
611/599	中国農業科学院	農業化学実験様板田	農業出版社	一九六五
324.9/51	中華人民共和国土地法参考資料彙	北京政法学院民法研究室	法律出版社	一九五七
332/968/1	中国人民大学中国歴史教研室	中国資本主義萌芽問題討論集　上	三聯書店	一九五七
332/968/2	中国人民大学中国歴史教研室	中国資本主義萌芽問題討論集　下	三聯書店	一九五七
630/7/1	中華人民共和国農業部経済作物生産総局	蚕業生産工作参考資料　第1輯	財政経済出版社	一九五七
616/29	中国農業科学院	稲作科学論文選集	農業出版社	一九五九
470/35	国家環境保護局・中国科学院植物研究所	中国珍稀瀕危植物	上海教育出版社	一九八九
S654/1	中国農業科学院	蚕業生産工作参考資料　第一輯	人民公社好　第一輯	一九五八
611/599	中国農業科学院	農業科学実験様板田	農業出版社	一九六五
332/968/1	中国人民大学中国歴史教研室	中国資本主義萌芽問題討論集　上	三聯書店	一九五七

天野家所蔵和書・漢籍目録

作成・天野 弘之

天野家所蔵和書目録

凡例

・A〜Uは、京都大学東南アジア研究センターより返還された際の収容ケース番号。（Cは私物のため欠番とする）
・通し番号は、天野家整理番号。
・（写本）は、天野元之助博士による。
・※を付した文献等は、『天野元之助著作目録』に無いもの。

A
1 『黄沙万里今何在—内蒙古自治区赤峰県当鋪地公社当鋪地大隊—』（中共内蒙古昭烏連盟委農牧政治部編、農業出版、一九六六年）

B
2 『王禎農書』穀譜十・元王禎・（写本）
3 『甘藷考』（生原稿）
4 『甘藷の伝来』篠田統《植物と文化》八、一九七三年 八坂書房
5 『杵白経』翁広平・皇朝経世文編続巻四一戸政農政上（刊本年不明）
6 『教稼書』（増訂）六巻・明黄省曽・（写本・柚堂全集十一・十二冊）（一七七二年刊本）
7 『廣群芳譜』桑麻譜二・木綿・（写本・一七八六年）
8 『古今図書集成』草木典・木綿（写本）
9 『耕織図詩』棲璃、（写本・一七六九年）

10 『呉中水利書』一巻・宋単鍔・文盛堂刊東坡全集所収（元祐六年刊本・写本）
11 『蚕書』秦観亭定年間（写本）
12 『梭山農譜』劉應棠（写本）
13 『種藷譜』と朝鮮の甘藷」篠田統（『朝鮮学報』四四、一九六七年）
14 『授時通考』七七巻木綿・清（写本）
15 『種棉説』（写本）
16 『大明一統志』八巻蘇州府土産・天順・万暦（棉関連）
17 『大清一統志』乾隆・嘉慶（棉関連）
18 『張履祥農書』（写本）
19 『沈氏農書』楊園先生全集巻四九巻（一八七一年）（写本）
20 『東坡全集』（マイクロフィルム）
21 『農書』上・中・下・陳旉・龍威秘書二集第四冊所収
22 『豊予荘本書』津河廣仁堂刻本道光八年（写本）呉県、潘曽沂
23 『棉花考』『農桑輯要』巻二木綿・『王禎農書』穀譜十（写本）
24 『棉花考 二』（十六・十七を収録）（写本）
25 『農桑楫要と棉作の展開』（生原稿）
26 『二如亭群芳譜、棉部』巻全明（写本）
27 『農政全書』三五巻・明徐光啓（一六三九年刊本）
28 『本草綱目』木部三六巻（写本）
29 『木棉譜』（写本）
30 『農桑経』（写本）
31 『呂氏春秋』上　農書等四編（生原稿）

D
32 「新中国的考古収穫」地方発言（レジュメ）
33 『中国』第1号、竹内好等編　中国の会

E
34 華南農村の一性格（生原稿）
35 齊民要術の研究（生原稿）
36 在来農法考（生原稿）
37 三国・魏・南北朝時代の農業史（ファイル）（生原稿）
38 人民公社と社会体制（生原稿）
39 宋代の農業とその社会構造（生原稿）
40 中国古農書考（一）（生原稿）
41 中国に於ける水稲作技術の展開（生原稿）
42 東西交通（生原稿）
43 『農書要覧』コピー（勧農局編纂・勧農卿蔵版・明治八年一月刊行）

F
44 『王禎農書』雑誌コピー（《図書館》季刊、一九六三年第三期、北京図書館出版）
45 『救荒本草』（ノートに薬草をまとめたもの）
46 『居延漢簡考釋』（一九四四年四川省南渓県李荘油印本（謄写版本）＊補注
47 『居家必用事類全集』丁集／戊集・（史料をコピーしたもの）
48 耕の絵図（生原稿に写真を添付したもの）
49 『齊民要術』訳　上（手書きのものを文集形式に印刷したもの）
50 『齊民要術』訳　二（手書きのものを文集形式に印刷したもの）

51 雑草に関するレジュメ(英訳付き)
52 『四庫農書提要近人農書解題』(《四庫全書総目農書類提要》のコピーをファイルしたもの)
53 『作物考』(メモ)
54 「但馬における大土地所有の形成と変遷(II)兵庫県出石郡合橋村矢根大石家の場合」天野元之助・梅渓昇編『京都大人文科学研究所調査報告』二号、京大人文研、一九五二・八年)
55 中国経済(ノート)
56 中国研究要録(ノート)一九四八年八月
57 中国古代史研究要録(ノート)
58 中国地図(書き込みあり)
59 中国の農業とその発達史表
60 『兵庫県出石橋村矢根 大石藤兵衛家資料』天野元之助・梅渓昇編(原稿用紙に直接製本したもの。No54の付属資料)
61 「天文学史からみた蘭学の意義」(レジュメ)薮内清、一九六七年
62 農具の写真(元代)
63 『農業機具叢書』三・七(三)中耕施肥機具(七)粮食加工機具(一〇)農村運輸及其他工具(一九六六年九月、第二軽工業部農具五金局主編)
64 『便民図纂』耕図(写真・ネガあり)
65 無錫の写真(撮影年不明)
66 『流沙墜簡』一・二(写本)

＊補注 (原宗子)

 労鞾氏自身は「重訂居延漢簡講考釈序」《居延漢簡 考釈之部》中央研究院歴史語言研究所 一九六〇年)において、「石印本」と呼んでおられるが、実物の実態に即した今日の通行用語に従う。なお、この書籍は、表紙・奥付等の紙を欠き、天野博士自身で関連資料等を併せて別紙を付け、手製製本されたものらしく、表題は天野氏の文字で手書きされて

いる。おそらく、ご生前承った「当時、あちこちの学者から『安全』のため、表紙・奥付けなどを破り去って贈られた」書籍、の部類に属すものと思われる。

G 「殷代の農業とその社会構造──華北農業の形成過程──」《史学研究》六二、一九五六年八月
66 「漢代の農業とその構造」《東亜経済研究》復刊一、一九五七年三月
67 「後魏の均田制」《松山商大論集》一九五七年九月（生原稿）
68 「国民政府治下の内戦──十年の内戦──」《松山商大論集》六─四、一九五五年）
69 「国民大革命─第一次国共合作より分裂まで─」《松山商大論集》四─三・四、一九五三年十二月
70 同上
71 「施肥の歴史」（生原稿）
72 「周の封建制と井田制」《人文研究》七─八、一九五六年九月
73 「春秋・戦国時代の農業とその社会構造」《松山商大論集》七─三、一九五六年九月（生原稿）
74 「春秋・戦国時代の農業とその社会構造」《松山商大論集》《アジア研究》三─一、一九五六年十月
75 「清代の農業とその構造」《アジア研究》三─二、一九五七年二月
76 「清代の農業とその社会構造」《松山商大論集》七─一、一九五六年三月
77 「西周の農業とその社会構造」《松山商大論集》八─九、一九五七年十二月
78 「西晋の占田・課田制についての試論」《東方学報》三〇、一九五九年
79 「中国古代農業の展開──華北農業の形成過程──」《社会経済史学》一九─一、一九五三年八月
80 「中国における原始国家の形成（二）──殷代の社会経済」
81 「中國に於ける「耕作権の確立」期をめぐる諸問題──狂暴な學問彈壓に對する不屈の抗爭記録──」藤井宏、一九七二年）
82 「中国における水利慣行」《史林》三八─六、一九五五年一月
83

84 「中国における施肥技術の展開」《松山商大論集》10−2、一九五九年七月
85 「中国に於ける土地改革の新方向」《松山商大論集》2−2、一九五一年六月
86 「中国に於けるブルジョア・イデオロギーの史的展開」朱其華・天野元之助訳《満鉄支那月誌》登載　一九三一年八月〜十二月
87 「中国農業史研究」（生原稿）
88 「中国農業の展開」（《アジア研究》1−1・2、一九五四年四月）
89 「中国農業の展開」《史学研究》62、一九五六年九月
90 「天工開物と明の農業」『天工開物の研究』藪内清、一九五三年、恒星社
91 書評　J・F・フェアバンク、坂野正高「日本における近代中国研究」《アジア研究》2−3・4　一九五六年三月）
92 「民国革命（一）《東亜経済研究》5−1、一九六〇年九月
93 「民国革命（三）《東亜経済研究》35−1、一九六一年六月
94 「明代農業の展開」《社会経済史》23−5・6、一九五八年
H
95 「稲作」（ノート）
96 「堰橋鎮事情」（コピー）
97 「過去一万二千年間：日本の植生変遷史I」塚田松雄《育種学雑誌》21−3、一九七一年
98 「花粉表面の微細模様と二・三の術語の問題」塚田松雄《育種学雑誌》21−3、一九七一年
99 「華北農村資料」（生原稿）
100 「吉見考」沿革（生原稿）
101 「研究要録」（ノート）一九五〇年
102 「抗日戦争時期の中国共産党の土地改革についての資料（一）─『解放日報』（延安版）所載の土地改革関係記

103 「三国史記にあらわれた麦と麦作について」鋳方貞虎『朝鮮学報』四八、一九六八年十月
事―」野間清編『愛知大学法経論集』経済編六一、一九六九年十月
104 「春秋会盟地理考―両周地理考の二―」伊藤道治『田村博士頌寿東洋史論集』一九六八年五月
105 「商鞅の開阡陌と趙遇の代田法私考」（原稿）
106 『新中国の労働組合』日中友好協会 一九五三年
107 「水車資料」（写真付き）
108 「中国近代研究」（ノート）
109 「中国経済史隋唐社会経済」（資料）
110 「中国五大農書考」（レジュメ）（用途不明）
111 「中国商品の輸出余力調査参考資料目録」（大阪府商工経済研究会、一九五八年十一月
112 「中国中世研究」（ノート）
113 「聴講録・研究要録」（ノート）
114 「『唐律』疏議の訳」（油印）
115 「東北農業資料」（生原稿）
116 「南方草木状の真偽」馬泰来『通報』六四、一九七八年
117 「物理小識」関係（資料のコピー集）
118 「北朝の史料に見えた雑戸・雑営戸・営戸について」浜口重国『山梨大学学芸学部研究報告』八、一九五七年
119 「満鉄上海事務所江蘇省常熟県農村実態調査報告書」伊藤武雄編、一九四〇年（コピー）
120 『夢渓筆談』訳稿

《その他》

研究発表レジュメ（近代等）

学生レジュメ

I
121 大阪市立大（カリキュラム等）
122 学生レポート
123 講義感想文

J
124 「東洋経済史レポート 中国半植民地化の過程」
125 「王禎『農書』の研究」『宋元時代の科学技術史』京都大学人文科学研究所、一九六七年 大谷隆三
126 「王禎『農書』の研究」（原稿・写真）
127 「解放前の中華民国の農村経済」『立命館文学』二五三、一九六六年十二月号）（二部）
128 「玉蜀黍攷」（生原稿）
129 「後魏の賈思勰『齊民要術』の研究」（原稿・図）
130 「古農書考（二）」（生原稿）
131 「清代の農業とその社会構造（一）」（生原稿）
132 「清、蒲松齢『農桑経』考」『立命館文学』二〇四、一九六五年六月）
133 「宋代の農業の展開」（原稿）
134 「中国近代史稿九」（原稿）
135 「中国古農書考」（校正刷り）
136 「中国古農書考」（原稿・写真）
137 「中国社会経済史（殷・周の部）」（原稿）
138 『中国農業史研究』追記（ファイル）
139 『中国農業史研究』鍬の歴史（原稿）
140 「中国肥料史」原稿・資料

141 「第二次国内革命戦争時代」『松山商大論集』六—四、一九五五年十二月
142 「明史データ」(原稿)
143 「明代の農業と農民」(『京都大学人文科学研究所研究報告 明清時代の科学技術史』)(校正中原稿)

K
144 「王禎和農書」万国鼎(中国歴史小叢書、中華書局、一九六二年)
145 「海南島旅日記」(抄)(大学ノートに直接書き込んだもの)
146 「華南農村の一性格」(海南島調査記)(生原稿)
147 「瓊崖旅寓襍記」(生原稿)
148 「元代農書考」(生原稿)
149 「宋代農書考」(生原稿)
150 「宋、陳旉『農書』について」『東方学』三二、一九六六年六月
151 「中国古農書考」(生原稿)
152 「唐の韓鄂『四時纂要』について」『東洋史研究』二四—二、一九六五年九月
153 『陳旉農書』(農業出版社、一九五九年)
154 『陳旉農書』(中華書局 一九六四年)
155 万國鼎校注『陳旉農書』(農業出版社、一九六五年)
156 「農業技術」(一九四八年四月)
157 「満州課税金融販売論」(原稿)
158 「満州農業経済論」(原稿)
159 「明代農書考」(生原稿)
160 「明代農書考」(二)(生原稿)
161 「兪宗本著『種樹書』について」『東方学』二六、一九六三年八月

L
162 「解放前の中国農村経済」(立命館文学』二五三、一九六六年十二月)
163 「漢字処方の内容を考える——小柴胡湯を中心として」赤堀昭
164 「漢籍農書の解題」稲作史研究会 熊代章雄 一九六〇年
165 「漢代麥作考」(『東洋史学研究』別冊第五輯、一九七一年十月
166 「近代史年表」(レジュメ)
167 「研究生活の回顧」平野善(平野善教授退官記念事業会、一九七三年)
168 「五四日暦」竹内実編(ノートのコピー)
169 「清代社会経済」(生原稿)
170 「代田及綏田」閔成基(『丁仲煥博士還暦記念論文集』別冊、一九七四年十二月)
171 「清代の農業とその社会構造(一)」(生原稿)
172 「第二次鴉片戦争」中国近代史叢書 (一九七三年、上海人民出版社)
173 「第二次アヘン戦争」(『追手門学院大学文学部紀要』第八号、一九七四年)
174 「第二次国内革命戦争時代」(革命根拠地の樹立他)
175 * (「第二次国内革命戦争時代」『松山商大論集』六一四の一部?)
176 「立岩遺蹟」立岩遺跡調査会(河出書房新社、一九七七年)
177 「中国近代史稿一」外国資本の侵入 一、近世中国貿易の開始 二、アヘン戦争 (生原稿)
178 「中国近代史稿二」(三、第二アヘン戦争 四、外国資本主義の影響)(生原稿)
179 「中国近代史稿三」(太平天国 一、その前夜の社会情勢 二、会党と郷勇 三、太平天国 四、太平天国の影響)(生原稿)
「中国近代史稿四」(平植民地国家の形成 一、帝国主義の侵略 二、民族資本の勃興 三、洋務派官僚と近代的企業)(生原稿)

180 『中国近代史稿五』(四、戊戌変法 五、義和団事件)(生原稿)
181 『中国近代史稿六』(民国革命・軍閥時代)(生原稿)
 *民国革命＝『東亜経済研究』五—一
182 *軍閥時代＝『中国研究Ⅲ』大阪外国語大学魯迅研究会 一九五六年十一月
183 『中国近代史稿八』(民族資本の興隆・新文化啓蒙運動)(生原稿)
184 『中国近代史稿一二』(北伐・農民運動・労働運動・第一次国共分裂)(生原稿)
185 『中国社会経済史稿Ⅳ』第九章 明代史(生原稿)
186 『中国肥料史』(原稿・資料)
187 『農史研究史—農史講座を中心として—』(京都大学農学部)(著者・出版社不明)
188 『二十一世紀の太平洋 ニュージーランド・オーストラリアの旅行印象記』北条政一、一九六八年
189 『明史未整理データ』
M 「The rice culture」Te—Tzu Chung (レジュメのコピー)
190 「漢代農業とその構造」(生原稿)『東亜経済研究』復刊一、一九五七年三月
191 『週刊朝日』緊急増刊「帰還報告中共見たまま」(朝日出版社、一九四九年)
192 『人民日報』一九六〇〜六四年
N 「アジア・アフリカ人民連帯の歴史学のために」第二冊、一九六八年二月
193 『アジア経済の長期展望』(抜刷)、アジア経済研究所、発行年は不明、一九七〇年頃か
194 「アジア・フォード財団資金問題に関する全中国研究者シンポジウムの記録」(中国研究者研究団体連絡会議、
195 一九六二年)

196 「安徽新石器時代遺址的調査」胡悦謙『考古学報』一九五七年一月

197 『会員名簿―回顧と発展のために―』上海満鉄会、一九七九年三月

198 『学生会館建設に伴なう試掘概要―茨木市安威二三〇所在―』（追手門学院大学文化学術局考古学研究会、一九七七年四月）

199 『ガネフォーの主義と目的』インドネシア神戸総領事館（レジュメ）

200 『神美村近世史料所在目録』神美村役場 一九五六年五月

201 『河内長野市瀧畑生活実態調査報告』大阪学芸大学家政科『生活文化』四、一九五五年七月

202 『京都大学人文科学研究所業務概況書』一九五二年

203 『研究彙報』二―八・三―五、（日本憲法確立連盟、一九五六年）

204 『元興寺仏教民俗資料研究所月報』（財団法人元興寺仏教民俗資料研究所、一九七一年）

205 『現代中国の基本問題　経済企画庁昭和四五年度委託調査報告書』（アジア政経学会、一九七一年三月

206 「黒龍江省元人民公社員との面談記録」（所内資料／調査研究部／調査研究報告書』（アジア経済研究所、一九七八年三月

207 『三角島調査録』（追手門学院大学地理歴史研究部編集、一九六八年）

208 『支那農村慣行調査報告書』

209 『志摩国片田村生活実態調査報告』《『大阪学芸大家政科研究業績集』三、一九五四年七月》

210 『島原半島（原山・山ノ寺・礫石原）及び唐津市（女山）の考古学的調査』（日本考古学協会西北九州綜合調査特別委員会、一九六〇年）

211 『昭和二三年度有畜経営経済調査成績』《『滋賀県立有畜営農指導所彙報』二、滋賀県立有畜営農指導所、一九四八年）

212 『書報』（極東書店、一九六二年一月）

213 『史林』三四―一・二（一九五一年二月）

214 「人民公社制度研究の視覚と方法・試論」（アジア経済研究所所内資料調査研究部No五七―七、一九七七年三月）

215 『祖国』三五―一一　民国五〇（一九六一）年

216 『中共の内幕』一一（一九七〇年一月）
217 『中共綿布の進出とその反動』日本綿糸布輸出組合《輸出綿糸布月報》、一九五九年一・二月抜刷）
218 『中国概況』外務省アジア局中国課 一九八〇年
219 『中国近代史研究会報告』一九五四年九月
220 『中国康蔵高原の地勢と資源（訳）』（外務省アジア局二課、一九五四年七月）
221 『中国国民経済の変革』日中貿易促進会議、（日中貿易特別資料六三―三七・一九六三年五月）
222 『中国商品の輸出余力調査参考資料（一）—鉄鋼製品及機械之部—』大阪府立商工経済研究所（経研資料一七六、一九五九年十一月）
223 『中国の定期刊行物発展の解題—五四運動期以前より一九二七年まで—』（アジア経済研究所、一九七二年）
224 『中国の農業技術』（アジア経済研究所、一九六七年四月）
225 『中国の農林業一九七三〜七四』（アジア経済研究所、一九七七年三月）
226 『長沙馬王堆一号漢墓発掘簡報』湖南省博物館等（文物出版社、一九七二年七月）
227 『鳥飼村調査報告書』大阪外国語大学農村調査隊
228 『内外特信』一四六、（社団法人内外事情研究所、一九七五年一・一五）
229 『新居浜工業地帯の漁村に於ける民主化の構造』愛媛大学地域社会総合研究所近代化班《愛媛大学地域社会総合研究所研究報告》、Aシリーズ第四号抜粋、一九五九年十一月）
230 『仁方ヤスリ工業の諸問題』広島県立産業労働科学研究所《経済季報》一―一）（抜刷）
231 『西陣機業の生産構造―西陣織調査報告―』西陣織調査委員会（一九五五年十一月）
232 『日本学術代表団訪中報告』日中友好協会（一九六四年十一月）
233 『日本経済自立に関する構想』日本フェビアン研究所《世界》十月号
234 『翻訳資料（一）』大阪府立商工経済研究所（一九五四年）
235 『密教印図表・索引』種智院大学密教学会（一九七〇年）
236 『名簿』追手門学院大学 一九六七年

237 「The agricultural development of Taiwan」Ramon H, Myers Australian National University Reserch school of pacific studies

238 「天野元之助著作目録」

O 「天野元之助中国史論集Ⅰ」

239 「殷代産業に関する若干の問題」《京都大学人文科学研究所紀要》一一　特輯「殷代青銅文化の研究」、一九五三年

240 「殷の社会経済一・二」《論説》一八六、一九五三年

241 「殷代の農業とその社会構造―華北農業の形成過程―」《史学研究》六二、一九五六年八月

242 「貝塚茂樹編『古代殷帝国』を読みて」《歴史学研究》二一八、一九五八年四月

243 「殷代豪族の大土地経営試論」《瀧川博士還暦記念論文集（一）》東洋史編　一九五七年

244 「漢代農業とその構造」《東亜経済研究》復刊一、一九五七年三月

245 「後漢の崔寔『四民月令』について」《関西大学経済論集》十六―四・五、一九六六年十二月

246 「周の封建制と井田制」《人文研究》七―八、一九五六年九月

247 「春秋戦国時代における農業の発達」『歴史教育』九―四、一九六一年四月

248 「春秋・戦国時代の農業とその社会構造（二）《松山商大論集》七―四、一九五六年十二月

249 「西周の農業」《京都大学人文科学研究所創立二五周年記念論文集》、一九五四年十一月

250 「西周の農業とその社会構造」『松山商大論集』七―一、一九五六年三月

251 「ソヴェト科学アカデミー版『世界史』第一四章・第一六章を読んで」《世界史》月報七、一九六一年一月）（コピー）

252 「中国古代農業の展開―華北農業の形成過程―」《東方学報》三〇、一九五九年十二月

253 「中国農業の発展」《体系農業百科事典》第Ⅵ巻　抜刷、一九六七年八月

254 「中国農法の展開」農法研究会（農法研究会、一九六〇年）

【天野元之助中国史論集Ⅱ】

255 「解放前の華南農村の一性格」《追手門学院大学文学部紀要》三、一九六九年十二月
256 「解放前の中華民国の農村経済」《立命館史学》二五三、一九五六年七月
257 「魏晋南北朝時に於ける農業生産力の展開」《史学雑誌》六—一〇、一九五七年
258 「元代の農業とその社会構造」《人文研究》一三—七、一九六二年
259 「後魏の均田制」《松山商大論集》八—三、一九五七年
260 「清代の農業とその構造」《アジア研究》一三—一・二、一九五六年七月
261 「西晋の占田・課田制についての試論」《人文研究》八—九、一九五七年
262 「宋代の農業とその社会構造」《人文研究》一四—六、一九六三年
263 「中世農業の展開」《中国中世科学技術史の研究》薮内清編、京都大学人文科学研究所研究報告、一九六三年
264 「明代農業の展開」《社会経済史学》二三—五・六、一九五八年

【天野元之助中国史論集Ⅲ】経済関係

265 『天野元之助教授回想記・天野元之助著作目録』天野元之助還暦記念事業委員会（天野元之助還暦記念事業委員会、一九六〇年
266 「漢代豪族の大土地経営試論」《瀧川博士還暦記念論文集（一）》東洋史編 一九五七年
267 「漢代農業とその構造」《東亜経済研究》復刊一、一九五七年
268 「後漢の崔寔"四民月令"について」《関西大学経済論集》一六—四・五、一九六六年十二月
269 「後魏の均田制」《松山商大論集》八—三、一九五七年九月
270 「周の封建制と井田制」《人文研究》七—八、一九五六年九月
271 「春秋戦国時代における農業の発達」《歴史教育》九—四、一九六一年四月
272 「春秋・戦国時代の農業とその社会構造（一）（二）《松山商大論集》七—三、七—四、一九五六年九・十二月
273 「西周の農業とその社会構造」《松山商大論集》七—一、一九五六年三月

274 「西晋の占田・課田制についての試論」《人文研究》八—九、一九五七年十月

275 「中国古代農業の展開」《東方学報》三〇、一九五九年十二月

276 「中国における原始国家の形成—殷代の社会経済—一・二」《社会経済史学》一八—六、一九—一、一九五三年五・八月）

277 「中国農業の展開」《経済史学》七《早稲田大学》、一九五三年十一月

278 「中国農業の展開（一）」《アジア研究》一—一、一九五四年四月

279 「中国農業の展開（二）」《アジア研究》一—二、一九五四年十月

280 「中国農業の発展」《体系農業百科事典》四巻抜刷、一九六七年八月）

281 「天野元之助著作目録」天野元之助還暦記念事業委員会（天野元之助還暦記念事業委員会、一九六〇年）

282 「殷代の社会経済」《社会経済史学》一九—一、一九五六年八月）

283 「鴨租・分租・合股"瓊崖旅寓記"の中から」《故村松祐次教授追悼論文集 中国の政治と経済》、東洋経済新報社、一九七五年）

284 「解放後の中国農業生産と農村社会」《松山商大論集》三一—一、一九五二年三月

285 「解放前の中国農業とその生産関係—華中（I）（II）」《アジア経済》十八—四、十八—五、一九七七年四・五月）

286 「解放前の中国農業とその生産関係—華南—」《アジア経済》一八—一二、一九七七年十二月

287 同上

288 「解放前の中国農業生産と農村関係—東北—」《アジア経済旬報》九六五、一九七五年三月

289 「火耕水耨の辯—中国古代江南水稲作技術考—」《史学雑誌》六一—四、一九五二年）

290 「華南農業ノート」（原稿）

291 「漢唐壁画展の農耕図をみて」《アジア経済旬報》九六五、一九七五年三月

292 「軍閥時代」《中国研究》III、大阪外国語大学魯迅総合研究会 一九五六年十一月

293 「瓊崖襟記」（一）《民俗台湾》四—八、一九四四年八月

294 「瓊崖旅寓雑記」《季刊人類学》七―一、一九七六年)
295 「現代の学者における学問と政治――メリー・ライト小伝――」坂野正高《東洋学報》五三)
296 「後魏の賈思勰"齊民要術"の研究」《中国の科学と科学者》、一九七八年三月)(抜刷)
297 "講義の感想文"(追手門学院大時代
298 「五・四運動」(原稿)
299 「国民大革命――第一次国共合作より分裂まで――」《松山商大論集》四―三・四、一九七五年三月)
300 「故・村松祐次君を追憶する」《東洋学報》五六―二・三・四、一九七五年三月)
301 「齊民要術と早地農法」《社会経済史学》一五―三・四、一九四九年十二月)
302 「時代區分論争に寄せて」《現代中国》三二、一九五六年三月)
303 「支那古農書考」《資料公報》五―五、一九四五年五月)
304 「支那に於ける地籍並に田賦制度の改正」《大陸往来》二―九、一九四一年九月、大陸往来社)
305 「支那農業に於ける牧畜の意義」《東亜経済研究》二五―二、一九四一年三月)
306 「支那農業に於ける水の意義(一)(二)(三)」《満蒙》一七―八、一七―九、一七―一〇、一九三六年八・九・十月)
307 「清代の農業とその構造(一)」《アジア研究》三―一、一九五六年十月)
308 「清代の農業とその構造(二)」《アジア研究》三―二、一九五七年二月)
309 「新中国に於ける私企業の動向」《太平洋問題》、一九五四年七月号)
310 「代田と區田――漢代農業技術考――」《松山商科大学開学記念論文集》、一九五〇年二月)
311 「第二次国内革命戦争」《松山商大論集》六―四、一九五五年十二月)
312 「太平天国」《東洋史研究》一三―一・二、一九五四年三月)
313 「中共経済建設の成否を決する一つの鍵(三)――農業合作化について――」《太平洋問題》一九五六年一月号)
314 「中共の土地改革」《農業と経済》一五―九、一九四九年九月)
315 「中国古代史家の諸説を評す」《歴史学研究》一八〇、一九五五年二月)
316 「中国古農書考」(生原稿)

317 「中国村落と共同体理論（旗田巍著）」（『東洋史研究』三六―一、一九七七年六月）
318 「中国に於ける土地改革の新方向―土地法大綱より土地改革法へ―」（『松山商大論集』二―二、一九五一年六月）
319 「中国に於ける水利慣行」（『史林』三八―六、一九五五年十一月）
320 「中国農業経済論」第七編（原稿）
321 「中国農業経済の発展」（『太平洋問題』一九五四年四月号）
322 「中国史農業技術上の若干の問題」（『東洋史研究』一一―五・六、一九五二年七月）
323 「中国農業の展開」（『経済史学』七、一九五三年十一月）
324 「中国農業の展開」（『アジア研究』一―一、一九五四年四月）
325 「中国農村観感」（『説林』三―一〇、一九五一年十月）
326 「中国の五大農書考―『中国古農書考』の上梓にあたって―」（『追手門大学創立一〇周年記念論集文学部編』、一九七六年十月）
327 「中国の農業・農民・農村（解放前）」（325の抜刷）
328 「調査の旅に出て学ぶ（五）〝包身工〟と〝押身〟〝僧身〟」（『季刊龍渓』一三、一九七五年四月）
329 「『天工開物』と明代の農業」（薮内清編『天工開物の研究』恒星社所収）（抜刷）
330 「東京教育大学中国近代史研究会編『近代中国農村社会史研究』を抜き読みして、蘇州の租佃制を顧る」（『東洋学報』五六―二・三・四、一九七七年三月）
331 「西山武一氏『中国技術史』に寄せて」（『中国研究』一五、一九五二年一月）
332 「廃暦新年」（『世界歴史事典』六月報、一九五一年十二月）（部分コピー）
333 「封建遺制と中国農村」（『封建遺制』所収、日本人文学会、有斐閣、一九五一年）
334 「満州土地改革運動の四つの段階」（『季刊中国研究』七、一九四九年六月）
335 「私の学問的遍歴」（『UP』一九七五―一〜八、一九七五年、東京大学出版会）

一、私の学問的遍歴　二、華北農村から学ぶ　三、華中農村で学んだこと　四、海南島の調査を終えて　五、苦難から立ち上がる　六、中国農業史の探索　七、中国農業史を模索する

336 「Dry Farming and Chi-min yao-sha」(『Silver Jubilee Volume of the Zinbun-Kagaku-Kenkyusyo』、一九五四、Kyoto University)

337 「アヘン戦争後の英清貿易と広東反英運動」(『追手門学院大学文学部紀要』七、一九七三年)

338 『稲の日本史(下)』柳田国男他 筑摩叢書一三四、一九六九年

339 「学者諸君よ!! 日中の友好を気軽に」(『大安』一五、一九五七年一月)

340 「夏収作物の豊収と中共農業政策」(『太平洋問題』一九五八─六、一九五八年六月)

341 「夏収作物の豊収と中共農業政策」(『太平洋問題』一九五八─一〇、一九五八年十月)

342 「漢代豪族の大土地経営試論」(『瀧川博士還暦記念論文集(一)東洋史編』一九五七年)

343 「企業形態の研究」(儀我一郎氏の学位請求論文「企業形態の研究前編現代中国の企業形態」への私見、大阪商業大学上林貞次郎主査宛)

344 「元、司農司撰『農桑輯要』について」(『東方学』三〇、一九六五年七月)

345 「元代の農業とその社会構造」(『人文研究』一三─七、一九六二年八月)

346 「元の王禎『農書』の研究」(京都大学人文科学研究所研究報告『宋元時代の科学技術史』、一九六七年三月)

347 「元の魯明善『農桑衣食撮要』『季刊農業総合研究』一七─三、一九六三年七月)

348 「故石聲漢教授を憶う」(『龍渓』六、一九七三年六月)

349 「後漢の崔寔『四民月令』について」(『関西大学経済論集』一六─四・五、一九六六年)

350 同上

351 同上

352 同上

353 同上

354 「五・四運動」(『東洋史研究』二九─一、一九七一年)

P

355 同上
356 「斉民要術と旱地農法」《社会経済史学》一五―三・四、一九四九年十月)
357 「昨年の農業大躍進と今年の動向」《太平洋問題》一九五九―六、一九五九年六月)
358 「シナに於ける稲作技術の展開」(レジュメ)
360 徐光啓の『農政全書』と除蝗考」《松山商大論集》一―四、一九五〇年十二月)
361 清、蒲松齢『農桑経』考」《立命館文学》二四〇、一九六五年六月)
362 「宋代の農業とその社会構造」《人文研究》一四―六、一九六三年七月)
363 「宋、陳旉農書」について—中国古農書考—」《東方学》三二、一九六六年六月)(2部)
364 「大躍進期及びそれ以後の農機具」《アジア経済》一四―一二、一九七三年十二月)
365 同上
366 「中共農業政策の問題点(二)」《太平洋問題》一九五七―六、一九五七年六月)
367 「中共の政策 最近の農業問題―だんと緊張化」《太平洋問題》一九五八―六、一九五七年六月)
368 「中国共産党の成立より二七惨案まで—中国近代史の一齣—」《人文研究》一一―九、一九六〇年九月)
369 同上
370 「中国農業史上の2つの問題」《東方学》一六、一九五八年六月)
371 「中国古代農業の展開—華北農業の形成過程」《東方学報》三〇、一九五九年十二月)
372 「中国古農書と私(上)《龍渓》四、一九七二年十二月)
373 同上
374 『『中国食糧叢書』に寄せて」《東洋学報》五五―二、一九七二年九月)
375 同上
376 「中国における自然改造、とくに含塩土と風沙土の改造について」《アジア研究》一二―二、一九六五年七月)
377 同上
378 同上

379 「中国におけるスキの発達」《東方学報》二六、一九五六年三月
380 「中国における農業科学の前進」《共産圏問題》九—九、一九六五年九月
381 「中国における農業科学の前進」《共産圏問題》九—九、一九六五年九月
382 同上
383 同上
384 「中国における農具の発達」—劉仙洲『中国古代農業機械発達史』を読んで—」《東洋学報》四七—四、一九六五年三月
385 「中国の黍稷粟梁考—中国作物史の一齣—」《東亜経済研究四—一別冊》(抜刷)
386 「中国農史の研究によせて (一)」《松山商大論集》九—二、一九五八年六月
387 同上
388 「中国農業史の研究によせて (二)」《松山商大論集》九—三、一九五八年九月
389 「中国農業の社会主義的改造」《アジア研究》一一—二、一九六四年八月
390 「中国農業の発展」《農業百科事典》農業経済論、一九六七年
391 「中国の農村人民公社」《国際問題》五九—二・三・四、一九六五年二〜四月
392 「中国農業の躍進期—中国農業史覚書より—」《体系農業百科事典》月報NO六、農政調査委員会、一九六七年、八月) (抜刷)
393 「中国農書考」《資料公報》五一—五、一九四五年五月
394 「中国の〈うす〉の歴史」《自然と文化》(京都・自然史学会) 第三号、一九五三年三月
395 「中国農村内部の矛盾について」《アジア研究》四一三、一九五八年一月
396 「中国の五大農書考—『中国古農書考』の上梓にあたって—」《追手門学院大学創立十周年記念論集》文学部編、一九七六年十月
397 「中国の小麦・高梁考」
398 同上「生活文化研究」一三、一九六五年一月

399 「中国の在来農法考」『神戸商大論集』二四—一・二・三、山名正孝教授退任記念号、一九七二年)
400 「中国の黍稷粟梁考—中国作物史の一齣—」《東亜経済研究》四一—一、別冊、一九五九年十月)
401 同上
402 「調査の旅に出て学ぶ（六）」《季刊龍渓》一四、一九七五年七月)
403 「陳旉の『農書』と水稲作技術の展開（上）」《東方学報》一九、一九五〇年十二月)
404 「陳旉の『農書』と水稲作技術の展開（下）」《東方学報》二一、一九五二年三月)
405 「『天工開物』と明代の農業」『天工開物の研究』薮内清編、一九五三年九月、恒星社
406 「唐の韓鄂『四時纂要』について」《東洋史研究》二四—二、一九六五年九月)
407 同上
408 同上
409 「唐犂の歴史」《北方圈》二号、一九四五年二月
410 「仁井田陞君を憶う」《仁井田陞博士追悼論文集》一、前近代アジアの法と社会 月報二、勁草書房、一九六七年)
411 「『農桑輯要』と棉作の展開（上）」《東洋学報》三七—一、一九五四年六月)
412 「廃刊のことば」松本健・林鹿雄《太平洋問題》六八号、一九五九年)
412 「八字憲法と農業大躍進」《太平洋問題》六七、一九五九年十月)
413 同上
415 「開けゆく中国の農民教育」《アジア経済旬報》一九六五年七月)
416 同上
417 「『便民図纂』について」《書報》極東書店、一九六〇年五月)
418 「訪中雑感」《大安》一三—三、一九六七年三月
419 「訪中雑感—中国研究所友好訪中団に参加して」《中国研究月報》、一九七八年六月)
420 「民国革命（一）」《東亜経済研究》五一—一、一九六〇年九月)
421 同上

422 「民国革命(二)」《東亜経済研究》五—二、一九六一年一月
423 「民国革命(三)」《東亜経済研究》三五—一、一九六一年六月
424 「明、徐光啓『農政全書』について」《季刊農業総合研究》一八—一、一九六四年一月
425 「明における救荒作物著述考」《東洋学報》四七—一、一九六四年六月
426 「明代農業の展開」《社会経済史学》二三—五・六、一九五八年二月
427 「明代の農業と農民」《京都大学人文科学研究所研究報告》明清時代の科学技術史、京大人文研、一九七〇年
428 「明・兪宗本『種樹書』」《東方学》二六、一九六三年七月

Q 人民日報（一九五〇〜一九六五年頃）

R
430 「学士院授賞式に出席して」《史》三、大阪市立大学歴史学同窓会、一九六三年七月）（原稿）
431 「元代の農業とその社会構造」《人文研究》三一—七、一九六二年六月）（原稿）
432 「佐渡のひき臼」石の会　一九七五年　（レジュメ）
　　「調査の旅に出て学ぶ（三）『龍溪』八〜一五、一九七三〜五年）＊一部欠落
　　「明、徐光啓『農政全書』について」《農業総合研究》一八—一、一九六四年一月）（原稿）
　　「中国における農具の発達—劉仙洲『中国古代農業機械発明史』を読んで—」《東洋学報》三）（原稿）
※　「中国農業史研究」序文（一九六二年三月、農業総合研究所
　　「明代における救荒作物著述考」《東洋学報》四七—一、一九六四年六月）（原稿）
　　「明代の農業と農民」《明清時代の科学技術史》所収、京都大学人文科学研究所、一九七〇年）（原稿）

「明、兪宗本著『種樹書』について」(『東方学』二六、一九六三年八月)
「私の学問的遍歴」一〜五(『U・P』(東京大学出版会) 二七〜三一、一九七五年一〜五月)

S
※ 『雍正硃批諭旨』(写本)
※ 中国経済論集 (ファイル)
※ 『齊民要術』訳稿
※ 研究会発表レジュメ

T
※ 「解放前の中国農業、農民、農村から歴史を顧みる」(講義録)
※ 「国民政府の経済建設と農業」(原稿)
※ 「支那農業経済論 (上)」(*後半部、戦災で焼失)(生原稿)
※ 「収穫具の発達」
※ 「蒋介石の国民経済建設運動」(ファイル)
※ 「清代社会経済構造」
※ 「新中国の農業の発展」(ファイル)
※ 「補編 畝の変遷考」(原稿)
※ 「第三次国内革命戦争時代」(生原稿)
　　一、終戦より内戦へ　二、蒋政権の奥地建設　三、辺区の政治経済建設
※ 「中国近代史」(一九六三年大阪市大講義録)
※ 「中国近代経済史」(原稿)
「中国近代史稿」半植民地国家の形成　一、洋務運動派官僚と近代企業　三、民族資本の勃興(生原稿)

※「中国近代史Ⅴ」第五章　一、中国工業化（生産恢復と工業五ヶ年計画）　第六章　労働問題
※「中国近代史一〇」国民大革命（生原稿）
※「中国現代史Ⅰ」一、中国共産党の指導理論（生原稿・講義録として使用）
※「中国現代史Ⅱ」一、過渡期の経済（ファイル）
※「中国現代史Ⅱ」二、土地改革　三、農民組織化（農業の社会主義改造）
※「中国現代史Ⅲ」四、人民公社（生原稿）
※「中国社会経済史稿　清」（生原稿）
※「中国における除草・中耕具考」（生原稿）
※「中国農業技術史考」一九五四年五月作成生原稿
※「中国農業史概説」一九六六年同志社大、一九六七年追手門大（原稿）
※「中国農業の社会主義的改造（農業の社会主義改造）
※「中国農書考（二）」（ノート）
※「中国畝制考」『東亜経済研究』三、一九五八年十二月
※「第九章　農業技術」（ファイル）
※「農具考研究稿」
　耕起・鎮圧具（原稿）
　耙砕・鎮圧具（原稿）
※「日清戦争」（原稿）
※「戊戌政変」（原稿）
Ｕ
※「漢代の農書（一）氾勝之書」（原稿）
※「漢代の農書（二）四民月令」（原稿）一九五〇年

※「漢代農書考」(原稿)
※「魏晋南北朝の農書」(原稿)
　「後魏の崔寔『四民月令』について」(原稿) 一九五〇年
　「清代の農業とその構造」(原稿)
※「隋唐の農書」(原稿) 一九七二年
※「宋代農書考」(原稿)
※「中国経済論」(ファイル) 一九五〇年
※「中国水利潅漑小史」(原稿)
※「中国茶書考　A、B」(原稿) 一九七二年
※「中国度量衡と斛制」(原稿)
※「中国に於ける水利権」(原稿)
※「中国農業技術の確立過程」(ファイル)
※「中国農業経済要論」一九七二年
　　　　土地制度　　土地分配　　商品生産
　「本草文献」(ファイル)
　「中国農業技術の確立過程」(ファイル)

天野家所蔵漢籍目録

＊数字は、分類番号。番号別に一冊の冊子として綴じてある。

〈一〉
『樂善録』宋・李昌齡 ／ 『還冤記』北・齊顏之推 ／ 『博異志』唐・鄭還古 ／ 『集異記』唐・薛用弱 ／ 『歳華紀麗譜』元・黄著

〈二〉
『樂郊私語』桐江姚桐壽 ／ 『國老談苑』宋・王銍 ／ 『談圃』 ／ 『螢雪叢説』宋・子俞子

〈三〉
『希通録』宋・蕭氽 ／ 『資暇録』隴西李済翁 ／ 『螽海録』宋・王逵 ／ 『晋陽秋』晋・庚翼 ／ 『蜀檮杌』宋・張唐英

〈四〉
『開元天寶遺事』唐・王仁裕 ／ 『朝野僉載』唐・張鷟 ／ 『桂苑叢談』唐・馮翊

〈五〉
『江行雑録』宋・廖瑩中 ／ 『碧湖雑記』宋・謝枋得 ／ 『南海占蹟記』元・呉莱 ／ 『青渓寇軌』泊宅翁方勺 ／ 『渓蠻叢笑』 ／ 『北戸録』唐・段公路 ／

（『廣百川學海』より）

『聖學範圍図説』橈李岳元聲 ／ 『立春考』明・路土登 ／ 『龍興慈記』明・王文禄 ／ 『在田録』泗水張定 ／

〈七〉

『逐鹿記』明・王禕 ／ 『東朝記』海上王泌 ／ 『龔起雜事』呉・郡楊儀 ／

『武夷遊記』新都呉拭 ／ 『海槎餘録』呉郡顧岕 ／ 『瀛涯勝覽』稽山馬觀 ／ 『滇載記』新都楊慎

〈八〉

『復辟録』明・亡名氏 ／ 『高麗録』宋・徐兢 ／ 『玉堂漫筆』雲間陸深 ／ 『金臺紀聞』雲間陸深 ／

『制府雜録』明・楊一清

〈九〉

『觚不觚録』呉郡王世貞 ／ 『谿山餘話』雲間陸深 ／ 『清暑筆談』九山陸樹聲 ／ 『呉中故語』本郡楊楯吉

『甲乙剩言』東越胡應麟 ／ 『三朝野史』元・呉萊 ／

〈十〉

『致身録』東呉・史仲彬 ／ 『殉身録』 ／ 『備遺録』新淦張芹 ／ 『平夏録』東海黄標

〈十一〉

『百川學海』陳明卿

〈十二〉

『滄浪詩話』宋・嚴羽 ／ 『書断』（上・中・下）宋・張懷瓘 ／ 『王氏談録』 ／ 『宋景文公筆記』宋・宋祁

『滄浪詩話』宋・嚴羽 ／ 『書斷』（上・中・下）宋・張懷瓘 ／ 『王氏談錄』／ 『宋景文公筆記』宋・宋祁

〈十三〉
『柳氏舊聞』唐・李德裕 ／ 『錢氏私誌』宋・錢世昭 ／ 『家世舊聞』宋・陸游 ／ 『默記』宋・王銍 ／ 『卓異記』唐・李翱 ／ 『艮嶽記』宋・張淏 ／

〈十四〉
『蘗碎錄』華亭陳繼儒 ／ 『猥談』吳郡・祝允明 ／ 『語怪』吳・祝允明 ／ 『異林』吳・徐禎卿 ／ 『枕譚』華亭陳繼儒 ／

〈十五〉
『書評』梁・袁昻 ／ 『書譜』吳郡・孫過庭 ／ 『續書譜』宋・姜堯章 ／ 『海岳名言』襄陽米芾 ／ 『待訪錄』襄陽米芾 ／ 『翰墨志』宋・高宗御 ／

〈十六〉
『造邦賢君錄畧』夏山王禕 ／ 『掾曹名臣錄』明・王凝寶 ／ 『明良錄畧』明・沈士謙 ／ 『聖君初政記』江東沈文

〈十七〉
『趙后遺事』宋・秦醇 ／ 『焚椒錄』遼・王鼎 ／ 『元氏掖庭記』天台陶宗儀 ／ 『鄴中記』晉・陸翽 ／

〈十八〉
『北轅錄』宋・周煇 ／ 『西使記』元・劉郁 ／ 『三楚新錄』宋・周羽沖

『丹青志』呉・王穉登　/　『書画史』華亭陳継儒　/　『画説』呉・莫是龍　/　『画塵』呉郡沈顥　/　『畫禅』呉僧蓮儒　/　『竹派』呉僧蓮儒　/　『詞旨』元・陸輔之

〈十九〉

『深雪偶然』宋・方嶽　/　『桐陰舊話』宋・韓元吉　/　『養痾漫筆』宋・趙溍　/　『宣政雜録』宋・江萬里　/　『遂昌雜録』元・劉元祐　/　『文昌雜録』宋・陳襄　/　『聞見雜録』宋・蘇舜欽　/　『行營雜録』宋・趙葵　/

〈二十〉

『書法』唐・歐陽詢　/　『筆陣図』晋・衞夫人　/　『衍極』元・鄭杓　/　『続画品録』唐・李嗣真　/　『畫梅譜』元・華光道人　/　『畫竹譜』薊丘李橋衍　/　『樂府雜録』唐・段安節　/　『羯鼓録』唐・南卓

附表1

「京都大学東南アジア研究センター蔵・天野元之助博士旧蔵書籍一覧」

附表1　京都大学東南アジア研究センター蔵・天野元之助博士旧蔵書籍一覧

図書番号	書名	巻号	発行年	図書番号	書名	巻号	発行年
2735545	東洋史研究	28巻	1969/70	2735510	東京大学東洋文化研究所紀要	32-34	1964
2735546	東洋史研究	29巻	1970/71				
2735547	東洋史研究	30巻	1971/72	2735511	同上	35-37	1965
2735548	東洋史研究	31巻	1972/73	2735512	同上	38-39	1965
2735549	東洋史研究	32巻	1973/74	2735513	同上	40-42	1966
2735550	東洋史研究	33巻	1974/75	2735514	同上	43-44	1967
2735551	東洋史研究	34巻	1975/76	2735515	同上	45-46	1968
2735552	東洋史研究	35巻	1976/77	2735516	同上	47-49	1969
2735553	東洋史研究	36巻	1977/78	2735517	同上	50-52	1970
2735554	東洋史研究	37巻	1978/79	2735518	同上	53-55	1971
2735555	東洋史研究	38巻	1979/80	2735519	同上	56-58	1972
2735556	総目録	1-25巻		2735520	同上	59-61	1973
2735557	人民中国	1-12月号	1957	2735521	同上	62-64	1974
2735558	人民中国	1-6月号	1958	2735522	同上	65-67	1975
2735559	人民中国	7-12月号	1958	2735523	同上	68-70	1976
2735560	人民中国	1-6月号	1959	2735524	同上	71-73	1977
2735561	人民中国	7-12月号	1959	2735525	同上	74-76	1978
2735562	人民中国	1-6月号	1960	2735526	同上	77-79	1979
2735563	人民中国	7-12月号	1960	2735527	同上	80-82	1980
2735564	人民中国	1-6月号	1961	2735528	東洋史研究	11巻	1950/52
2735565	人民中国	7-12月号	1961	2735529	東洋史研究	12巻	1952/54
2735566	人民中国	1-6月号	1962	2735530	東洋史研究	13巻	1954/55
2735567	人民中国	7-12月号	1962	2735531	東洋史研究	14巻	1955/56
2735568	人民中国	1-6月号	1963	2735532	東洋史研究	15巻	1956/57
2735569	人民中国	7-12月号	1963	2735533	東洋史研究	16巻	1957/58
2735570	人民中国	1-6月号	1964	2735534	東洋史研究	17巻	1958/59
2735571	人民中国	7-12月号	1964	2735535	東洋史研究	18巻	1959/60
2735572	人民中国	1-6月号	1965	2735536	東洋史研究	19巻	1960/61
2735573	人民中国	7-12月号	1965	2735537	東洋史研究	20巻	1961/62
2735574	人民中国	1-6月号	1966	2735538	東洋史研究	21巻	1962/63
2735575	人民中国	7-12月号	1966	2735539	東洋史研究	22巻	1963/64
2735576	人民中国	1-6月号	1967	2735540	東洋史研究	23巻	1964/65
2735577	人民中国	7-12月号	1967	2735541	東洋史研究	24巻	1965/66
2735578	人民中国	1-6月号	1968	2735542	東洋史研究	25巻	1966/67
2735579	人民中国	7-12月号	1968	2735543	東洋史研究	26巻	1967/68
2735580	人民中国	1-6月号	1969	2735544	東洋史研究	27巻	1968/69

図書番号 書名	巻号	発行年	図書番号 書名	巻号	発行年
2735617 アジア研究	17巻 1-4号	1970-71	2735581 人民中国	7-12月号	1969
2735618 アジア研究	18巻 1-4号	1971-72	2735582 人民中国	1-6月号	1970
2735619 アジア研究	19巻 1-4号	1972-73	2735583 人民中国	7-12月号	1970
2735620 アジア研究	20巻 1-4号	1973-74	2735584 人民中国	1-6月号	1971
2735621 アジア研究	21巻 1-4号	1974-75	2735585 人民中国	7-12月号	1971
2735622 アジア研究	22巻 1-4号	1975-76	2735586 人民中国	1-6月号	1972
2735623 アジア研究	23巻 1-4号	1976-77	2735587 人民中国	7-12月号	1972
2735624 アジア研究	24巻 1-4号	1977-78	2735588 人民中国	1-6月号	1973
2735625 アジア研究	25巻 1-3/4号	1978-79	2735589 人民中国	7-12月号	1973
2735626 アジア研究	26巻 1-4号	1979-80	2735590 人民中国	1-6月号	1974
2735627 (月刊) 国際問題資料	Nos.36-61	1970	2735591 人民中国	7-12月号	1974
2735628 (月刊) 国際問題資料	Nos.62-81	1971	2735592 人民中国	1-6月号	1975
2735629 (月刊) 国際問題資料	Nos.82-103	1972	2735593 人民中国	7-12月号	1975
2735630 歴史研究	1-6期	1954	2735594 人民中国	1-6月号	1976
2735631 歴史研究	1-6期	1955	2735595 人民中国	7-12月号	1976
2735632 歴史研究	1-12期	1956	2735596 人民中国	1-6月号	1977
2735633 歴史研究	1-6期	1957	2735597 人民中国	1-6月号	1978
2735634 歴史研究	7-12期	1957	2735598 人民中国	7-12月号	1978
2735635 歴史研究	1-12期	1958	2735599 人民中国	1-6月号	1979
2735636 歴史研究	1-6期	1959	2735600 人民中国	7-12月号	1979
2735637 歴史研究	7-12期	1959	2735601 人民中国	1-6月号	1980
2735638 歴史研究	1-6期	1960	2735602 人民中国	7-12月号	1980
2735639 歴史研究	1-6期	1961	2735603 アジア研究	2巻 1-3/4号	1955-56
2735640 歴史研究	3-6期	1961	2735604 アジア研究	3巻 1-4号	1956-57
2735641 歴史研究	1-6期	1962		(欠:1号)	
2735642 歴史研究	1-3期	1962	2735605 アジア研究	4巻 1-4号	1957-58
2735643 歴史研究	4-6期	1962	2735606 アジア研究	5巻 1-4号	1958
2735644 歴史研究	1-3期	1963	2735607 アジア研究	6巻 1-4号	1959-60
2735645 歴史研究	4-6期	1963	2735608 アジア研究	7巻 1-4号	1960-61
2735646 歴史研究	3-6期	1963	2735609 アジア研究	8巻 1-4号	1961
2735647 歴史研究	1-6期	1975	2735610 アジア研究	9巻 1-3/4号	1962-63
2735648 歴史研究	1-6期	1976	2735611 アジア研究	11巻 1-4号	1964-65
2735649 歴史研究	1-6期	1976	2735612 アジア研究	12巻 1-4号	1965-66
2735650 歴史研究	1-6期	1977	2735613 アジア研究	13巻 1-4号	1966-67
2735651 歴史研究	1-6期	1978	2735614 アジア研究	14巻 1-4号	1967-68
2735652 歴史研究	7-12期	1978	2735615 アジア研究	15巻 1-4号	1968-69
2735653 歴史研究	1-6期	1979	2735616 アジア研究	16巻 1-4号	1969-70

図書番号 書名	巻号	発行年	図書番号 書名	巻号	発行年
	(欠：5期)		2735654 歴史研究	7-12期	1979
2735688 [関西大學]經濟論集	28巻 1-6号	1978-79	2735655 歴史研究	1-3期	1980
2735689 [関西大學]經濟論集	29巻 1-4/5/6号	1979-80	2735656 歴史研究	4-6期	1980
2735690 經濟研究	Nos.1-6	1955	2735657 歴史學研究	Nos.284-295	1964
2735691 經濟研究	Nos.1-6	1956	2735658 歴史學研究	Nos.320-331	1967
2735692 經濟研究	Nos.1-3	1957	2735659 歴史學研究	Nos.332-343	1968
2735693 經濟研究	Nos.4-6	1957	2735660 歴史學研究	Nos.344-355	1969
2735694 經濟研究	Nos.1-6	1958	2735661 歴史學研究	Nos.356-367	1970
2735695 經濟研究	Nos.7-12	1958	2735662 歴史學研究	Nos.368-379	1971
2735696 經濟研究	Nos.1-12	1959	2735663 歴史學研究	Nos.380-391	1972
	(Lacks：Nos.284、285)		2735664 歴史學研究	Nos.392-403	1973
2735697 海外經済月報	1-6月号	1966	2735665 歴史學研究	Nos.404-415	1974
2735698 海外經済月報	7-12月号	1966	2735666 歴史學研究	Nos.416-427	1975
2735699 海外經済月報	1-6月号	1967	2735667 歴史學研究	Nos.428-439	1976
2735700 海外經済月報	7-11/12月号	1967	2735668 歴史學研究	Nos.440-451	1977
2735701 海外經済月報	1-6月号	1968		(欠：No.87)	
2735702 海外經済月報	7-12/1月号	1968/69	2735669 歴史學研究	Nos.452-463	1978
2735703 海外經済月報	2-6月号	1969	2735670 歴史學研究	Nos.464-475	1979
2735704 海外經済月報	7-11/12月号	1969	2735671 歴史學研究	Nos.476-482	1980.1-7
2735705 海外經済月報	1-6月号	1970	2735672 歴史学研究月報	Nos.73-144	1966-71
2735706 海外經済月報	7-11/12月号	1970	2735673 歴史学研究月報	Nos.145-192	1972-75
2743474 社会経済史学	42巻	1976/77	2735674 歴史学研究月報	Nos.193-240	1976-79
2743475 社会経済史学	43巻	1977/78		(欠：12期)	
2743476 社会経済史学	44巻	1978/79	2735675 [関西大學]經濟論集	15巻 1-4/5/6号	1965
	(欠：Nos.74,79,83,84)		2735676 [関西大學]經濟論集	16巻 1-6号	1966-67
2743477 社会経済史学	45巻	1979/80	2735677 [関西大學]經濟論集	17巻 1-6号	1967-68
	(欠：Nos.158,160,172,182)			(欠：5期)	
2743478 世界の動き	Nos.204-217	1969	2735678 [関西大學]經濟論集	18巻 1-6号	1968-69
	(欠：Nos.236)		2735679 [関西大學]經濟論集	19巻 1-6号	1969-70
2743479 世界の動き	Nos.218-232	1970	2735680 [関西大學]經濟論集	20巻 1-5/6号	1970-71
2743480 世界の動き	Nos.233-248	1971	2735681 [関西大學]經濟論集	21巻 1-5/6号	1971-72
2743481 世界の動き	Nos.249-263	1972	2735682 [関西大學]經濟論集	22巻 1-5/6号	1972-73
2743482 国際問題	Nos.10-21	1961	2735683 [関西大學]經濟論集	23巻 1-6号	1973-74
2743483 国際問題	Nos.22-23	1962	2735684 [関西大學]經濟論集	24巻 1-6号	1974-75
	(欠：5号)		2735685 [関西大學]經濟論集	25巻 1-6号	1975-76
2743484 国際問題	Nos.34-45	1963	2735686 [関西大學]經濟論集	26巻 1-6号	1976-77
2743485 国際問題	Nos.46-57	1964	2735687 [関西大學]經濟論集	27巻 1-6号	1977-78

図書番号	書名	巻号	発行年	図書番号	書名	巻号	発行年
2743520	東方學	Nos.27-28	1964	2743486	国際問題	Nos.58-69	1965
2743521	東方學	Nos.29-31	1965	2743487	国際問題	Nos.70-81	1966
2743522	東方學	Nos.32-34	1966-67	2743488	国際問題	Nos.82-93	1967
2743523	東方學	Nos.35-38	1968-69	2743489	昭和同人	9巻	1963
2743524	東方學	Nos.39-42	1970-71	2743490	昭和同人	10巻	1964
2743525	東方學	Nos.43-46	1972-73	2743491	昭和同人	11巻	1965
2743526	東方學	Nos.47-50	1974-75	2743492	昭和同人	12巻	1966
2743527	東方學	Nos.51-54	1976-77	2743493	昭和同人	13巻	1967
2743528	東方學	Nos.55-58	1978-79	2743494	昭和同人	14巻	1968
2743529	東方學	Nos.59-60	1980			(欠:Nos.1,6)	
2743530	アジア問題	vol.1	1954	2743495	昭和同人	15巻	1969
2743531	アジア問題	vol.2	1955			(欠:No.3)	
2743532	アジア問題	vol.3	1955	2743496	昭和同人	16巻	1970
2743533	アジア問題	vol.4	1956	2743497	昭和同人	17巻	1971
2743534	アジア問題	vol.5	1956	2743498	昭和同人	18巻	1972
2743535	アジア問題	vol.6	1957	2743499	昭和同人	19巻	1973
2743536	アジア問題	vol.7	1957	2743500	昭和同人	20巻	1974
2743537	松山商大論集	1巻	1950	2743501	東方學報	19-20冊	1950-51
2743538	松山商大論集	2巻	1951	2743502	東方學報	22-24冊	1953-54
2743539	松山商大論集	3巻	1952			(欠:11,12号)	
2743540	松山商大論集	7巻	1956	2743503	東方學報	25冊	1954
2743541	松山商大論集	8巻	1957	2743504	東方學報	26-28冊	1956-58
2743542	松山商大論集	9巻	1958	2743505	東方學報	29-32冊	1959-62
2743543	松山商大論集	10巻	1959-60	2743506	東方學報	34-36冊	1964
2743544	松山商大論集	11巻	1960-61	2743507	東方學報	37-39冊	1966-68
2743545	松山商大論集	12巻	1961-62	2743508	東方學報	41-42冊	1970-71
2743546	松山商大論集	13巻	1962-63	2743509	東方學報	43-45冊	1972-73
2743547	松山商大論集	14巻	1963-64	2743510	東方學報	46-48冊	1974-75
2743548	松山商大論集	16巻	1965-66	2743511	東方學報	49冊	1977
2743549	松山商大論集	17巻 1-4号	1966	2743512	東方學報	51冊	1979
2743550	松山商大論集	17巻 5-7号	1966-67	2743513	東方學報	52冊	1980
2743551	松山商大論集	18巻	1967-68	2743514	東方學	Nos.1-5	1951-52
2743552	松山商大論集	19巻	1968-69	2743515	東方學	Nos.6-9	1953-54
2743553	松山商大論集	20巻	1969-70	2743516	東方學	Nos.10-15	1955-57
2743554	文物参考資料	1-4期	1955	2743517	東方學	Nos.16-19	1958-59
2743555	文物参考資料	7-12期	1955	2743518	東方學	Nos.20-22	1960-61
2743556	文物参考資料	1-6期	1956	2743519	東方學	Nos.23-26	1962-63

図書番号 書名	巻号	発行年	図書番号 書名	巻号	発行年
2743594 北京周報	12巻 27-52号	1974	2743557 文物参考資料	7-12期	1956
2743595 北京周報	13巻 1-26号	1975	2743558 文物参考資料	1-6期	1957
2743596 北京周報	13巻 27-52号	1975	2743559 文物参考資料	7-12期	1957
2743597 北京周報	14巻 1-26号	1976	2743560 文物参考資料	1-6期	1958
2743598 北京周報	14巻 27-52号	1976	2743561 文物参考資料	7-12期	1958
2743599 考古	1-6期	1959	2743562 紅旗	1-23/24期	1962
2743600 考古	7-12期	1959	2743563 紅旗	1-24期	1963
2743601 考古	1-6期	1960	2743564 紅旗	1-23/24期	1964
2743602 考古	1-6期	1972	2743565 紅旗	1-13期	1965
2743603 考古	1-6期	1973	2743566 紅旗	1-15期	1966
2743604 考古	1-6期	1974	2743567 紅旗	1-16期	1967
2743605 考古	1-6期	1975	2743568 紅旗	1-5期	1968
2743606 考古	1-6期	1976	2743569 紅旗	1-12期	1969
2743607 考古	1-6期	1977	2743570 紅旗	1-12期	1970
2743608 考古	1-6期	1978	2743571 紅旗	1-13期	1971
2743609 考古	1-6期	1979	2743572 北京周報	1巻 1-23号	1963
2743610 考古	1-6期	1980	2743573 北京周報	2巻 1-26号	1964
2743611 考古学報	1期	1972	2743574 北京周報	2巻 27-52号	1964
	1-2期	1973	2743575 北京周報	3巻 1-26号	1965
2743612 考古学報	1-4期	1978	2743576 北京周報	3巻 27-52号	1965
2743613 考古学報	1-4期	1979	2743577 北京周報	4巻 1-26号	1966
2743614 考古学報	1-4期	1980	2743578 北京周報	4巻 27-52号	1966
2743615 考古通訊	1-6期	1956	2743579 北京周報	5巻 1-26号	1967
2743616 考古通訊	1-6期	1957	2743580 北京周報	5巻 27-52号	1967
2743617 考古通訊	1-6期	1958	2743581 北京周報	6巻 1-26号	1968
2743618 考古通訊	7-12期	1958	2743582 北京周報	6巻 27-52号	1968
2743619 UP (University Perss)	1巻-2巻	1972-73	2743583 北京周報	7巻 1-26号	1969
2743620 UP (University Perss)	3巻	1974	2743584 北京周報	7巻 27-51/52号	1969
2743621 UP (University Perss)	4巻	1975	2743585 北京周報	8巻 1-26号	1970
2743622 UP (University Perss)	5巻	1976	2743586 北京周報	8巻 27-52号	1970
2743623 UP (University Perss)	6巻	1977	2743587 北京周報	9巻 1-26号	1971
2743624 UP (University Perss)	7巻	1978	2743588 北京周報	9巻 27-52号	1971
2743625 UP (University Perss)	8巻	1979	2743589 北京周報	10巻 1-26号	1972
2743626 UP (University Perss)	9巻	1980	2743590 北京周報	10巻 27-52/53号	1972
2807671 天野元之助博士旧蔵論文集	1-81		2743591 北京周報	11巻 1-26号	1973
			2743592 北京周報	11巻 27-52号	1973
2807751			2743593 北京周報	12巻 1-26号	1974

図書番号 書名	巻号	発行年	図書番号 書名	巻号	発行年
2778029 中国経済研究月報	10-12月号	1971	2777992 日本経済協会会報	7-12月号	1973
2778030 中国経済研究月報	1-6月号	1972	2777993 日本経済協会会報	1-12月号	1974
2778031 文物	1-12期	1959	2777994 日本経済協会会報	1-12月号	1975
2778032 文物	1-6期	1960	2777995 日本経済協会会報	1-12月号	1976
2778033 文物	1-12期	1961	2777996 日本経済協会会報	1-12月号	1977
2778034 文物	1-12期	1962	2777997 日本経済協会会報	1-12月号	1978
2778035 文物	1-12期	1972	2777998 日本経済協会会報	1-12月号	1979
2778036 文物	1-12期	1973	2777999 日本経済協会会報	1-6月号	1980
2778037 文物	1-6期	1974	2778000 日本経済協会会報	7-12月号	1980
2778038 文物	7-12期	1974	2778001 中国研究月報	1-12月号	1961-62
2778039 文物	1-6期	1975	2778002 中国研究月報	1-12月号	1963-64
2778040 文物	7-12期	1975	2778003 中国研究月報	1-12月号	1965-66
2778041 文物	1-6期	1976	2778004 中国研究月報	1-12月号	1967-68
2778042 文物	7-12期	1976	2778005 中国研究月報	1-12月号	1969
2778043 文物	1-6期	1977	2778006 中国研究月報	1-12月号	1970-71
2778044 文物	7-12期	1977	2778007 中国研究月報	1-12月号	1972-73
2778045 文物	1-6期	1978	2778008 中国研究月報	1-12月号	1974-75
2778046 文物	7-12期	1978	2778009 中国研究月報	1-12月号	1978
2778047 文物	1-6期	1979	2778010 中国研究月報	1-12月号	1979
2778048 文物	7-12期	1979	2778011 中国資料月報	23-27号	1949-50
2778049 文物	1-6期	1980	2778012 中国資料月報	28-35号	1950
2778050 文物	7-12期	1980	2778013 中国資料月報	36-47号	1951
2778051 アジア経済	3巻 9-12号	1962	2778014 中国資料月報	48-59号	1952
2778052 アジア経済	4巻 1-6号	1963	2778015 中国資料月報	60-82号	1953-54
2778053 アジア経済	4巻 7-12号	1963	2778016 中国資料月報	83-94号	1955
2778054 アジア経済	5巻 1-6号	1964	2778017 中国資料月報	95-105号	1956
2778055 アジア経済	5巻 7-12号	1964	2778018 中国資料月報	106-117号	1957
2778056 アジア経済	6巻 1-6号	1965	2778019 中国資料月報	121-145号	1958-60
2778057 アジア経済	6巻 7-12号	1965	2778020 中国経済研究月報	7-12月号	1967
2778058 アジア経済	7巻 1-6号	1966	2778021 中国経済研究月報	1-6月号	1968
2778059 アジア経済	7巻 7-12号	1966	2778022 中国経済研究月報	7-12月号	1968
2778060 アジア経済	8巻 1-6号	1967	2778023 中国経済研究月報	1-6月号	1969
2778061 アジア経済	8巻 7-12号	1967	2778024 中国経済研究月報	7-12月号	1969
2778062 アジア経済	9巻 1-6号	1968	2778025 中国経済研究月報	1-6月号	1970
2778063 アジア経済	9巻 7-12号	1968	2778026 中国経済研究月報	7-12月号	1970
2778064 アジア経済	10巻 1-6/7号	1969	2778027 中国経済研究月報	1-6月号	1971
2778065 アジア経済	10巻 8-12号	1969	2778028 中国経済研究月報	7-9月号	1971

図書番号	書名	巻号	発行年	図書番号	書名	巻号	発行年
2778103	アジア経済旬報	886/7-903号	1973	2778066	アジア経済	11巻 1-6号	1970
2778104	アジア経済旬報	904-921号	1973	2778067	アジア経済	11巻 7-12号	1970
2778105	アジア経済旬報	922/3-939号	1974	2778068	アジア経済	12巻 1-6号	1971
2778106	アジア経済旬報	940-957号	1974	2778069	アジア経済	12巻 7-12号	1971
2778107	アジア経済旬報	958/9-975号	1975	2778070	アジア経済	13巻 1-6号	1972
2778108	アジア経済旬報	976-993号	1975	2778071	アジア経済	13巻 7-12号	1972
2778109	歴史教學	1-12月号	1957	2778072	アジア経済	14巻 1-6号	1973
2778110	歴史教學	1-12月号	1958	2778073	アジア経済	14巻 7-12号	1973
2778111	歴史教學	1-12月号	1959	2778074	アジア経済	15巻 1-6号	1974
2778112	新建設	1-12月号	1956	2778075	アジア経済	15巻 7-12号	1974
2778113	新建設	1-12月号	1957	2778076	アジア経済	16巻 1-6号	1975
2778114	新建設	1-12月号	1958	2778077	アジア経済	16巻 7-12号	1975
2778115	日本學士院紀要	25-26巻	1967-68	2778078	アジア経済	17巻 1-6号	1976
2778116	日本學士院紀要	27-29巻	1969-71	2778079	アジア経済	17巻 7-12号	1976
2778117	日本學士院紀要	30-31巻	1972-73	2778080	アジア経済	18巻 1-6号	1977
2778118	日本學士院紀要	32-34巻	1974-77	2778081	アジア経済	18巻 7-12号	1977
2778119	日本學士院紀要	35-36巻	1977-79	2778082	アジア経済	19巻 1-6号	1978
2778120	日中文化交流	Nos.213-224	1975	2778083	アジア経済	19巻 7-12号	1978
2778121	日中文化交流	Nos.225-252	1976-77	2778084	アジア経済	20巻 1-6号	1979
2778122	日中文化交流	Nos.253-278	1978-79	2778085	アジア経済	20巻 7-12号	1979
2778123	東洋文化	2-7号	1950-51	2778086	アジア経済	21巻 1-6号	1980
2778124	東洋文化	8-17号	1952-54	2778087	アジア経済旬報	598/9-615号	1965
2778125	人民中国	1-12月号	1956	2778088	アジア経済旬報	616-633号	1965
				2778089	アジア経済旬報	634/5-651号	1966
				2778090	アジア経済旬報	652-669号	1966
				2778091	アジア経済旬報	670/1-687号	1967
				2778092	アジア経済旬報	688/9-704/5号	1967
				2778093	アジア経済旬報	706/7-723号	1968
				2778094	アジア経済旬報	724-741号	1968
				2778095	アジア経済旬報	742/3-759号	1969
				2778096	アジア経済旬報	760-777号	1969
				2778097	アジア経済旬報	778/9-795号	1970
				2778098	アジア経済旬報	796-813号	1970
				2778099	アジア経済旬報	814/5-831号	1971
				2778100	アジア経済旬報	832-849号	1971
				2778101	アジア経済旬報	850-867号	1972
				2778102	アジア経済旬報	868-885号	1972

図書番号	書名	著者名
87013093	現代中国論	内藤昭
87013094	現代中国政治経済論	土井章（大東文化大学東洋研究所襍刊；1）
87013095	新中国の国家財政の研究	藤本昭
87013096	中国国家革命史の研究	野沢豊編（歴史学研究叢書）
87013097	鴉片戦争の研究，資料篇	佐々木正哉編
87013098	中国現代史研究序説	今堀誠二
87013099	東洋史要説	鈴木俊（新稿版）
87013100	比較社会経済体制論	大東文化大学経済学研究科編集委員会編
87013101	明治維新史	坂田吉雄
87013102	梅棹忠夫著作目録	梅棹忠夫編
87013103	実験畑作新設	武田総七朗
87013104	満州近代史	矢野仁一
87013105	東アジア政治史研究	衛藤瀋吉（東大社会科学研究叢書；27）
87013106	中国の農村革命	山本秀夫
87013107	贈与の研究	比較法学会編
87013108	封建遺制	日本人文化学会編
87013109	支那経済史概説	加藤繁
87013110	中国経済の国際的展開	宮下忠雄，上野秀夫
87013111	コミンテルンと東方	国際労働運動研究所編；国際関係研究所訳
87013112	中央経済の成長分析	チョーミン・リー著；石沢元晴，前田寿夫訳
87013113	稲作新設	戸苅義次編（農学別冊，農業シリーズ）
87013114	日本農法論	加用信文
87013115	現代中国革命の起源：辛亥革命の史的意義	菊池貫晴
87013116	日本技術史研究	吉田光那
87013117	孫文の研究：とくに民族主義理論の発展を中心として	藤井昇三
87013118	中国人民解放軍：その政戦略思想	山本龍三
87013119	中国共産党史研究	石川忠雄
87013120	中国政治経済綜覧	アジア政経学会，植田捷雄編(昭和三五年度版)
87013121	中国経済の研究	南部稔編
87013122	現代アジア経済論	原覚天
87013123	近代中国政治史研究	衛藤瀋吉（東大社会科学研究叢書；26）
87013124	辛亥革命の研究	小野川秀美，島田虔次編
87013125	中国近代軍閥の研究	波多野善大
87013126	現代日本の国家と独占	儀我壮一郎
87013127	奴隷制・農奴制の理論：マックス・エンゲルスの歴史理論の再構成	中村哲
87013128	日本国家独占資本主義論	手嶋正毅

図書番号	書名	著者名
87013129	戦後日本農業の史的展開	三橋時雄編
87013130	中国現代政治史	池田誠
87013131	近代中国外交史研究	坂野正高
87013132	義和団の研究	村松祐次
87013133	世界経済の変革と発展	原覚天
87013134	中国民族工業の展開	島一郎
87013135	近代中国政治外交：ヴァスコ・ダ・ガマから五四運動まで	坂野正高
87013136	東洋社会経済史序説	今堀誠二
87013137	農業経済経営辞典	農政調査委員会編
87013138	中国革命の史的展開	寺廣映雄
87013139	中国民衆反乱の世界	青年中国研究者会議編
87013140	中国経済開発論	土井章
87013141	一農政学徒の記録	東畑精一郎（醍醐社学匠選書；1）
87013142	論集近代中国と日本	山根幸夫
87013143	現代日本の独占企業	儀我壮一郎
87013144	経済学史原論	高木真助
87013145	中国の対外経済交流の展開	明野義夫
87013146	アジアの戦争	エドガー・スノー著；森谷巌訳--（現代史大系，3：中日戦争）
87013147	現代中国の経営管理	野崎幸雄
87013148	中国回復期の経済政策：新民主主義経済論	三木毅
87013149	輝かしい十年　外文出版社	
87015266	現代中国の労働	小嶋正已著　（経営学モノグラフ；7）
87015267	中国の社会主義企業	儀我壮一朗著
87015268	中国政治経済綜覧	アジア政経学会，植田捷雄編--昭和37年度版
87015269	中国の都市化と農村建設	小島麗逸編　（紛失）
87015270	一般人の鉄の歴史	オットー・ヨハンセン著；市川弘勝，鈴木章共訳
87015271	中国近代政治経済史入門	大谷敏夫著
87015272	中国社会主義経済研究序説：過渡期の経済理論	山内一男著
87015273	中国社会主義労働の研究	小嶋正已著
87015274	中国経済をどうみるか	山内一男著
87015275	世界の歴史，3：東洋	仁井田陞[ほか]著
87015276	中国とソ連	ヘンリー・ウェイ著；尾上正男訳
87015277	中国古代の学術と政治	顧頡剛著；小倉芳彦[ほか]訳
87015278	中国は世界をゆるがす，下	ジャック・ベルデン著；安藤次郎[ほか]訳
87015279	旬子	木全徳雄著
87015280	世界の名著，64：孫文，毛沢東	小野川秀美編

図書番号 書名	著者名
87015281 アジアにおける農業構造の変革過程	大阪市立大学経済研究所--所報
87015282 食用作物学概論	渡部忠世[ほか]著
87015283 近代中国農村社会史研究	東京教育大学東洋史学研究室
	；アジア史研究会中国近代史研究会編
	（東洋史学論集；8）
87015284 世界平和への提言：ユネスコ語録	
87015285 東洋史通論	外山軍治[ほか]編
87015286 中国農村市場の研究：農工結合の諸形態と農村市場構造の再編成	浅田喬二（研究叢書）
87015287 ドイツにおける近代農学の成立過程	飯沼二郎（研究叢書）
87015288 中国の対外政策と国内問題，1949-1959年	笠原正明（神戸市外国語大学研究叢書；3）
87015289 中国租税の理論的研究	南部稔（神戸商科大学研究叢書；16）
87015290 中国とインドの経済発展：五ヶ年計画の比較研究	大阪市立大学経済研究所（所報）
87015291 共同体の基礎理論：経済史総論講義案	大塚久雄
87015292 中国における資本蓄積機構	石川滋（一橋大学経済研究叢書；11）
87015293 中国の土地改革	天野元之助（アジア経済研究シリーズ；34）
87015294 第4次全国労働代表大会に提出せる上海総工会の報告書	三上諦聴[ほか]
：中国共産党史研究の一資料	（関西大学東西学術研究所資料集；2）
87015295 一九二二年より一九二六年にいたる中国共産党五年来の政治主張	三上諦聴[ほか]
：中国共産党史研究の一資料	（関西大学東西学術研究所資料集；3）
87015296 南満州鉄道株式会社20年略史	南満州鉄道株式会社庶務部調査課編
87015297 現代の企業形態	儀我壮一郎，林昭（現代経営学双書）
87015298 転換期の日本企業	儀我壮一郎（叢書 転換期の企業）
87015299 ふるい分け読本	三輪茂雄
87015300 日中関係史の基礎知識：現代中国を知るために	川原宏，藤井登三編
87015301 アジアの近代化	川野重任編
87015302 イギリス資本主義の展開	矢口孝次郎編
87015303 封建社会の基本法則：ソ同盟歴史学界の論争と成果	山岡良一；木原正雄編
87015304 中国近代化の社会構造：辛亥革命の史的位置	東京教育大学文学部東洋史学研究室
	アジア氏研究会・中国近代史部会編
	（東洋史学論集；6）
87015305 中国における近代思惟の挫折	島田虔次
87015306 再生産と産業循環，高木幸二郎教授還暦記念論文集	高木幸二郎教授還暦記念論文集刊行委員会編
87015307 日本農業発達史，第一巻：明治以降における	農産発達史調査会編
87015308 現代農業本論	神谷慶治講述；佐々木豊編
87015309 近代中国の地主制：祖覿の研究譯註	鈴木智夫
87015310 現代計画経済論	游仲勲編

図書番号 書名	著者名
87015311 日本農業史	古島敏雄（岩波全書；225）
87015312 プロレタリア文化大革命紅衛兵文選，造反有理	東方書店出版部編--（人民双書；6）
87015313 同上	
87015314 プロレタリア文化大革命労農兵文選，劉少奇批判	東方書店出版部編--（人民双書；7）
87015315 中共貿易の分析と見通し	ボーイン・ルーイン著；前田寿夫訳
87015316 解放の世紀	伊藤秀一（新書東洋史；11）
87015317 中国の鼓動	毎日新聞社編
87015318 室伏高信全集，第7巻：支那論；支那游記	室伏高信
87015319 近代資本主義の起点	大塚久雄
87015320 東洋とは何か	仁井田陞
87015321 中国社会主義の展開	杉野明夫
87015322 中国文化と官僚制	エチアヌ・バラーシュ著；松村祐次訳
87015323 中国農業の社会主義への道	蘇星著；野間清，近田尚己共訳
87015324 史学概論	中山治一
87015325 一般経済史要	宮下孝治
87015326 中国農法の展開	熊代幸雄，小島麗逸編
87015327 大学ゼミナール，東洋史	布目潮？ほか編
87015328 経営経済学の基本問題	儀我壮一郎還暦記念論文集編集委員会編
87015329 西洋経済史：古代・中世	宮下孝治
87015330 東洋の政治経済	広島文理科大学，東洋史学研究室編
87015331 中日貿易の研究	宮下忠雄
87017442 新中国の経済制度	宮下忠雄--（神戸経済学双書；1）
87017443 貝塚茂樹著作集第1巻：中国の古代国家	貝塚茂樹
87017444 現代中国革命重要資料集第一巻：八党大路線と四つの現代化	大東文化大学東洋研究所編
87017445 中国解放闘争史：原題，中国無産階級と運動史	鈴江言一
87017446 創立五十周年記念論文集，理論篇，経済と経営	岡倉伯士編
87017447 復刊中国経済の社会態制	村松祐次
87017448 中国市場の構造的変革	上妻隆栄--（学術選書）
87017449 人民公社研究	福島正夫--（現代選書）
87017450 農学成立史の研究	飯沼二郎--（研究叢書）
87017451 資本論と現代資本主義の諸問題	ツアゴロフ；キーロフ共編；宇高基輔訳
87017452 日本科学史	吉田光邦--（科学・技術史全書）
87017453 現代中国の企業形態	儀我壮一郎--（経営学叢書）
87017454 大寨に学ぶもの：実感的中国レポート	大島清
87017455 通制條格の研究訳註，第1冊	小林高四朗，岡本敬二編
87017456 中国の統計気候	チャーミン・リー著；前田壽夫訳（翻訳シリーズアジア経済研究所；13）

図書番号	書名	著者名
87017458	市民革命の理論：マルクスから毛沢東へ	堀江英一ほか（京都大学総合経済研究所，研究叢書；4）
87017459	中国年鑑	中国研究所編 1955
87017460	毛沢東と現代中国：社会主義経済建設の課題	河地重蔵
87017461	中国社会主義史研究：中国解放区研究序説．芝池靖夫教授退官記念論文集	
87017462	現代世界経済と国際経済理論，名和統一教授還暦記念論文集	赤松要，吉田義三編
87017463	中華人民共和国建国20周年記念，中国プロレタリア文化大革命三年の歩み，付録，年表　用語解説	中国通信社編集部編
87017464	中国の歌ごえ	アグネス・スメドレー著；高杉一郎訳--（現代史大系；4：中日戦争）
87017465	農村実態調査の理論と実際	田中義英
87017466	新安商人の研究	藤井宏
87017467	仁井田陞博士輯北京工商ギルド資料集	仁井田陞著；佐伯有一，田仲一成編（東洋学文献センター叢刊；23, 25）
87017468	同上	
87017469	満鉄最後の総裁　山哲元幹	満鉄会編
87017470	チューネンの林業地代論	ヨハン・ハインリッヒ・フォン・チューネン著；熊代幸雄訳
87017471	中国近代企業者史研究	中井英基編（現代中国研究叢書；13）
87017472	水稲生産力消長の構造	加藤惟孝（日本農業発達史，第8巻別刷）
87017473	中国近代史研究序説	今堀誠二
87017474	古代帝国の成立	宮崎一定[ほか]（京大東洋史；2）
87017475	貴族社会	外山軍治[ほか]（京大東洋史；2）
87017476	西アジア・インド史	中原與茂九朗[ほか]（京大東洋史；5）
87017477	東亜の近代化	小竹文夫[ほか]（京大東洋史；4）
87017478	宋代官僚制と大土地所有	周藤吉之（社会構成史体系，第2部：東洋社会構成の発展）
87017479	純粋封建制成立における農民闘争	鈴木良一（社会構成史体系，第1部：日本社会構成の発展）
87017480	民国革命	岩村三千夫（社会構成史体系，第2部：東洋社会構成の発展）
87017481	中国の郷村統治と村落	清水盛光（社会構成史体系，第2部：東洋社会構成の発展）
87017482	古代諸思潮の成立と展開	重沢俊朗（社会構成史体系，第2部：東洋社会構成の発展）
87017483	近世における商業的農業の展開	古島敏雄（社会構成史体系，第1部：日本社会構成の発展）
87017484	官人支配と国家的土地所有	平瀬巳之吉（社会構成史体系，第2部：東洋社会構成の発展）
87017485	封建的土地所有の成立過程	田中正義（社会構成史体系，第3部：世界史的発展の法則）
87017486	政治的社会の成立	藤間生大（社会構成史体系，第1部：日本社会構成の発展）
87017487	封建社会における資本の存在形態	堀江英一（社会構成史体系，第1部：日本社会構成の発展）
87017488	満州の水田	南満州鉄道株式会社地方部農務課編―改定版―（産業資料；14）
87017489	中国政治経済綜覧	アジア政経学会，大平善梧；内田直作編
87017490	魏源聖武記	興亜院政務部訳
87017491	小麦経済：世界と日本	細野重雄（研究叢書）
87017492	改著　作物育種学汎論	赤藤克巳（農学体系＝農業共通部門）

図書番号 書名	著者名
87017493 故村松祐次教授追悼論文集，中国の政治と経済＝The late Professor 故村松祐次教授追悼事業会編 Yuji Muramatsu commemoration volume, the polety and economy of China	
87017494 多国籍企業と発展途上国	尾崎彦朔；奥村茂次編（大阪市立大学経済研究所所報；26）
87017495 新中国資料集成，第1巻：1945-1947年	日本国際問題研究所・中国部会編
87017496 新中国資料集成，第2巻：1948-1949年9月	日本国際問題研究所・中国部会編
96047056 農政全書校注（上）	
96047057 農政全書校注（中）	
96047058 農政全書校注（下）	
96047059 中国近代農業史資料(一)	
96047060 中国近代農業史資料(二)	
96047061 中国近代農業史資料(三)	
96047062 中国近代工業史資料第一輯上	
96047063 中国近代工業史資料第一輯下	
96047064 中国近代工業史資料第二輯上	
96047065 中国近代工業史資料第一輯下	
96047066 中国農業合作化運動史料上	
96047067 中国古代社会研究	
96047068 中国暦代農民問題文学資料	
96047069 諸子集成（一）	
96047070 諸子集成（二）	
96047071 諸子集成（三）	
96047072 諸子集成（四）	
96047073 諸子集成（五）	
96047074 諸子集成（六）	
96047075 諸子集成（七）	
96047076 諸子集成（八）	
96047077 中国主要樹種造林技術	
96047078 東京大学東洋文化研究所大木文庫分類目録	
96047079 重複政和経史證類備用本草	
96047080 蒙古研究文献目録1900～1950年	
96047081 内閣文庫漢籍分類目録	
96047082 中国近代工業史資料一	
96047083 中国近代工業史資料二	
96047084 中国近代手工業史資料三	
96047085 中国近代手工業史資料四	

附表2

「『天野元之助博士旧蔵論文集』巻別内容一覧」

附表2 『天野元之助博士旧蔵論文集』巻別内容一覧

凡例

このリストは京都大学東南アジア研究センターに所蔵されている『天野元之助博士旧蔵論文集』第1巻より第81巻に収録されている抜き刷り類（コピーを含む）を表示したものである。巻ごとに記載の順序は概ね各巻の実態に従ったが時に前後することもある。

番号は『天野元之助博士旧蔵論文集仮目録』の各カードに付された整理番号を示す。

所収雑誌・書籍名については紙幅の都合で省略した。

＊は『仮目録』において、異なる論文に同一番号が振られている場合を示す。

※は同一論文が複数収録されていることを示す。

欠番は『仮目録』にカードが存在して番号の振られていないものを示す。

欠票は『仮目録』にカードはないが、実物が製本されているものを示す。

写はコピーであることを示す。天野元之助博士がコピーされた場合と、筆者からコピーを贈られた場合とを含むが、いずれとも判別しがたい場合がある。

『仮目録』にカードが存在して実物の収録が確認できなかったものは末尾の表に挙げた。

各抜き刷りの印刷年次についてはカードにも実物にも記載が無く、調査未了で不明なまま残したものがある。

巻1 和文A-B

カード	著者名	論著・論考名	発行年
4	阿知波五郎	野呂天然について	1961
5	足立啓二	明清時代の商品生産と地主制研究をめぐって	1977
6	足立啓二	明末清初の一農業経営-『沈氏農書』の再評価	1978
7	足立啓二	大豆粕流通と清代の商業的農業	1978
9	赤堀昭	新出土資料による中国医薬古典の見直し	
13	赤堀昭	神農本草経に記載された薬効	1978
14	天海謙三郎	中国商號考-特に「記」に関する実証的考察	
15	天海謙三郎氏をめぐる座談会	中国旧慣の調査について	1958
22	安藤彦太郎	延辺紀行	
23	天児慧	統一と抗争の論理-抗日民族統一戦線における毛沢東の発想	
24	天児慧	中国農村革命における基層幹部の政治動態-第三次国内戦争期の実験的考察	
26	天児慧	瑞金時代に関する一考察-農村革命の展開と土地革命政策をめぐる党内闘争	
27	阿頼耶順宏	浩然の小説	1974
28	浅井敦	農業協同化達成後の中国農村市場の若干の問題	1958
29	浅井敦	資料・北京市の市政府機構	
31	浅井敦	中国文化大革命の論点(1)	
32	浅井敦	北京	1965
33	浅井敦	《資料》中国地方制度関係資料分析覚書	1967
36	東晋太郎	正司考祺の商業論	
37	馬場克三	中国の新しい簿記「増減記帳法」について	1967
37	馬場克三	中国の新しい簿記「増減記帳法」の記帳実例	

巻2 和文A-H 1

2	我孫子麟	水稲単作地帯における地主制の矛盾と中小地主の動向	1958
3	我孫子麟	日本地主制に関する一試論	1961
11	赤堀昭	本邦の古文献に現れたDioscorea属植物の考察	1962
12	赤堀昭	シナの古文献に現れたDioscoreaの考察	1963
49	坂野良吉	書誌をつくる-J.K.フェアバンク教授との共同作業の思い出	1980
50	坂野良吉	上海小刀会の叛乱	
140	衛藤瀋吉	技術合理性	1968
272	五井直弘	漢代の公田における仮作について	
273	五井直弘	中国古代帝国の一性格-前漢における封建諸侯について	
274	後藤延子	蔡元培の大学論-北京大学の改革を中心に	1978
275	後藤延子	蔡元培の哲学-民国的人間像の行動原理	1978

267	儀我壮一郎	現段階の中国国営企業と人民公社の諸問題	1966
306	原田稔	《新漢字表試案》の批判－中国文字改革の成果を踏まえて	1977
307	原田賢之・渡部忠世・梅景修	水稲の交雑実験中に出現したヘテロシスに就いて	1955
308	原覚天	低開発国の経済近代化と価値意識	1969
309	原覚天	日本におけるアジア研究の歴史	1978
310	原覚天	太平洋問題調査会のアジア研究と日本（Ⅴ）	1978
311	原覚天	太平洋問題調査会のアジア研究と日本（Ⅶ）	1978
312	原覚天	太平洋問題調査会のアジア研究と日本（Ⅷ）	1978
313	原覚天	太平洋問題調査会のアジア研究と日本（Ⅸ）	1978
314	原覚天	太平洋問題調査会のアジア研究と日本（Ⅹ）	1979
315	原覚天	太平洋問題調査会のアジア研究と日本（最終回）	1979
316	原覚天	満鉄調査部の歴史とアジア研究（Ⅰ）	1979
317	原覚天	満鉄調査部の歴史とアジア研究（Ⅱ）	1979
318	原覚天	満鉄調査部の歴史とアジア研究（Ⅲ）	1979
319	原覚天	満鉄調査部の歴史とアジア研究（Ⅳ）	1979
320	原覚天	満鉄調査部の歴史とアジア研究（Ⅴ）	1979
321	原覚天	満鉄調査部の歴史とアジア研究（Ⅵ）	1979
322	原覚天	満鉄調査部の歴史とアジア研究（Ⅸ）	1980
323	原覚天	満鉄調査部の歴史とアジア研究（Ⅹ）	1980
324	原覚天	満鉄調査部の歴史とアジア研究（ⅩⅠ）	1980
325	原覚天	満鉄調査部の歴史とアジア研究（ⅩⅡ）	1980
326	原覚天	太平洋問題調査会のアジア研究と日本（Ⅵ）	
340	波多野善大	中国輸出茶の生産構造－アヘン戦争前における	1952
341	波多野善大	北洋軍閥の成立過程	1953
342	波多野善大	民国革命運動における新軍	1954
343	波多野善大	民国革命と新軍	1956
344	波多野善大	清末における鉄道国有政策の背景	1957
345	波多野善大	西原借款の基本的構想	1959
347	波多野善大	中山艦事件おぼえがき	1967
348	波多野善大	国民革命期における馮玉祥とソ連の関係について	1968
349	波多野善大	袁世凱の帝制と段祺瑞・馮国璋	1968
350	波多野善大	孫文北上の背景	1971
351	波多野善大	西安事件における張学良と中共の関係について	1972

巻3　和文A－H　2

| 1 | 安部健夫 | 清代に於ける典当業の趨勢 | 1950 |
| 8 | 安河内博 | 対馬藩に於ける奴隷制の成立 | 1953 |

276	後藤延子	初期李大釗の思想	1974
287	浜口重国	唐の部曲・客女と前代の衣食客	1952
293	浜口重国	魏晋南朝の兵戸制度の研究	1957
288	浜口重国	唐の賤民・部曲の成立過程	1952
289	浜口重国	唐の官有賤民・戸奴・戸婢・戸奴婢について	1954
290	浜口重国	唐の部曲という言葉について	1955
291	浜口重国	唐の賤民制度に関する雑考	1956
292	浜口重国	北朝の史料に見えた雑戸・雑営戸・営戸について	1957
294	浜口重国	呉・蜀の兵制と兵戸制	1958
295	浜口重国	唐の官有賤民・雑戸の由来について	1959
296	浜口重国	漢唐の間の家人という言葉について	1960
297	浜口重国	唐代の賤民法に関する雑説	1961
298	浜口重国	唐の太常音声人と楽戸	1962
299	浜口重国	唐の楽戸について	1963
300	浜口重国	武徳・開元年間の謀反と謀大逆事件（一）	1964
301	浜口重国	唐王朝の賤人制の研究梗概	1965

巻4　和文A－I

34	浅川謙次訳	潴河流域水土保持計画概要	1963
25	天児慧	土地革命と毛沢東	
35	足利健亮	東蝦夷地における和人と蝦夷の居住地移動	1968
50	ブリックマン、熊代幸男訳	ドイツ畑作の作付順序像	1955
80	訳/田尻利・訳/陳伯達	近代中国地代論	1971
129	衛藤瀋吉	植民地面積の消長	1968
177	藤井高美	革命根拠地の樹立問題	1959
182	藤井高美	五卅事件と省港罷工	1958
361	林要三（編）	中国解放区研究文献　資料目録（上）	1975
362	林要三（編）	中国解放区研究文献　資料目録（下）	1976
229	福島正夫	伝統中国	1972
179	藤井高美	抗日民族統一戦線の先声	1960
405		平野義太郎著作目録	1958
212	福田敬太郎	商の原義について	1955
191	藤本昭	人民公社と農業生産	1963
187	藤本昭	中国第1次5ヵ年計画期の工商税制	1966
189	藤本昭	中国の工商統一税	1967
190	藤本昭	中国における国家予算と企業財務の関係	1967
188	藤本昭	アジア・スターリング地域と社会主義諸国の貿易・経済関係	1966

185	藤本 昭	「農業を基礎とし、工業を導き手とする」経済発展方針をめぐる論争	1964
186	藤本 昭	農村革命根拠地における中共の財政政策と税収制度	1968
	藤本 昭	中国における地方工業政策の展開－1951～1958	1972
158	藤枝 晃	長城のまもり	1955
255	福冨正実	階級社会への移行の一般的法則性と多様性の問題（1）	
255	福冨正実	階級社会への移行の一般的法則性と多様性の問題（2）	
249	訳/福冨正実・著/イエ・ア・コミンスキー	イギリス封建制度の若干の特徴点について	
247	訳/福冨正実・著/イエ・ア・コミンスキー	13－14世紀のイギリス農村における階級闘争・上	
248	訳/福冨正実・著/イエ・ア・コミンスキー	13－14世紀のイギリス農村における階級闘争・下	
250	福冨正実	階級社会への移行の一般的法則性と多様性の問題（3）	
457	飯沼二郎	農業経営学の限界	1954
449	飯田喜代子	西能勢村生活実態調査報告　その2	
450	飯田喜代子	中国の鮓の復元	1954
447	伊原弘介	范氏義田における清末の小作制度	1966
567	伊藤秀一	中国におけるロシア革命の衝撃	1971
546	石川忠雄	International Press Correspondenceにおける中国関係記事目録	
542	石川忠雄	オーウェン・ラティモア教授著作目録	
531	石田浩・江口信清・窪田弘	台湾の村廟について	

巻5　和文 D-G

107	壇上 寛	明王朝成立期の軌跡	1978
112	土肥義和	唐代敦煌の居住園宅について	1976
113	土肥義和	貞観十四年九月西州厩延手実について	1975
124	江上波夫	人類社会における近代型の系譜	1953
126	江藤数馬	「四人組」批判を通して見た文化大革命	
127	江藤数馬	文化大学名終結段階の路線闘争	
128	衛藤瀋吉	「右傾翻案風」反対闘争－その背景と問題点	1977
130	衛藤瀋吉	アジア政治体制試論	1968
131	衛藤瀋吉	批評と紹介　中共史研究ノート	
132	衛藤瀋吉	アジア現代史への開眼　写	1975
136	衛藤瀋吉	南京事件と日・米	1959
137	衛藤瀋吉	中国最初の共産政党	1958
138	衛藤瀋吉	中国に対する戦争終結工作	1958
139	衛藤瀋吉	北京の東南アジア政策	1965

134	衛藤瀋吉	ミッチェル報告書について	
135	衛藤瀋吉	中華人民共和国の政治	1964
180	訳/藤井高美・著/郭華倫	中共史論（第一冊）（一）	1975
181	訳/藤井高美・著/郭華倫	中共史論（第一冊）（二）	1975
262	儀我壮一郎	中国における資本主義工商業改造の新段階	1956
261	儀我壮一郎	中国における資本主義工商業改造の特質	1957
260	儀我壮一郎	「財閥解体」とコンチェルン組織	1958
257	儀我壮一郎	中国高級農業生産協同組合の矛盾と体制整備	1962
263	儀我壮一郎	新中国経済復興期における私営企業	
264	儀我壮一郎	中国における農業生産協同組合の特質	1761
265	儀我壮一郎	中国辺区における社会主義企業の先駆的諸形態	1960
266	儀我壮一郎	中国農村人民公社の体制整備と管理機構	1963
256	儀我壮一郎	中国における国営企業と人民公社の特質	
258	儀我壮一郎	中国の社会主義企業に関する若干の問題点	1968
259	儀我壮一郎	中国の国営企業における所有制と管理制度	1966
268	五井直弘	漢書地理志の一考察	
269	五井直弘	中国古代の灌漑	
270	五井直弘	後漢王朝と豪族	
271	五井直弘	秦漢帝国における郡県民支配と豪族	1961
277	後藤延子	『新青年』の人生観について　写	1951

巻6　和文 H 1

210	深沢八郎	東南アジアの稲作	1953
211	深沢秀男	清末変法期における宣教師の政治的役割	1975
213	福田節生	清代秘密結社の性格とその役割	
214	福田節生	清代徴山湖の湖団について	1971
215	福田節生	清代の義荘について	1965
216	福田節生	中国専制権力の基盤	1964
217	福田節生・森田明	清代湖広地方における定期市について	1964
224	福島正夫	人民公社をめぐる法的諸問題	1962
225	福島正夫	毛沢東の法思想序説	1971
226	福島正夫	ソ連農業企業とその問題	
227	福島正夫	過渡期階級闘争の理論	1968
243	古島和雄	人民公社成立についての一考察	1959
244	古川瑞昌	餅の宮	1970
245	古川瑞昌	餅酒論の系譜	1971
251	福冨正実	「アジア的形態」と「アジア的生産様式」	1960

253	福冨正実	現代革命と非資本主義的発展の道（一）	
254	福冨正実	資本主義列強の植民地・半植民地に転化する以前の東洋諸国の社会経済的発展の水準にかんする問題の審議の統括	1962
417	本田治	宋代両浙地方の養蚕業について	1973
418	本田治	宋代婺州の水利開発	
419	本田治	三浦梅園のヒューマニズム	
422	堀江保蔵	国際金融における日米関係の歴史	1953
423	堀川哲男	孫文の遺書をめぐって	
426	堀 直	明代のトゥルファーンについて	1975
427	堀 直	18－20世紀ウィグル族人口試論	1977
428	堀 直	清朝の回疆統治についての二・三の問題	1979
429	細野重雄	世界の農業機械化	1956

巻7 和文H 2

282	浜田秀男	日本稲の系統	1968
285	浜口重国	唐法上の奴婢を半人物とする説の検討	
286	浜口重国	漢代の傳	
302	浜下武志	近代中国における貿易金融の一考察	1976
327	原宗子	「子路」試論	1974
328	原宗子	いわゆる"代田法"の記載をめぐる諸解釈について	1976
329	原宗子	東アジア中国 殷・周	
335	橋本高勝	章炳麟の喪服論	1967
352	林和生	明清時代、広東の墟と市	1980
353	林巳奈夫	戦国時代の画像紋（三）	
354	林巳奈夫	戦国時代の画像紋（二）	
355	林巳奈夫	戦国時代の画像紋（一）	
356	林巳奈夫	殷文化の編年	
360	林要三	陝甘寧辺区に設立された「中国最初の社会主義的農業生産協同組合」について	1976
363	林要三	中国近代史の理解のために	1964
364	訳/林要三・著/李鋭	第一次国内革命戦争期における湖南農民運動	1971
365	林要三	「新民主主義論」をめぐる二つの路線	1972
336	波多野善大	下関条約第六条第四項の成立した背景について	
337	波多野善大	尹昌衡の都督就任について	1972
338	波多野善大	軍閥混戦の底にあるもの	
339	波多野善大	黄埔軍校以前の蔣介石	
370	狭間直樹	幸徳秋水の第一回社会主義講習会における演説について	1975
371	狭間直樹	広東辛亥革命の一考察	1977

巻8 和文H 3

157	藤枝晃	敦煌学の現段階	1975
160	藤家禮之助	西晋諸侯の秩奉	
161	藤家禮之助	西晋の田制と税制	1966
162	藤家禮之助	「均政役」考	1975
163	藤家禮之助	現代中国と歴史像	1975
164	藤家禮之助	曹魏の典農部屯田の消長	
166	藤井宏	「占窩」の意義及び起源	1962
167	藤井宏	明初に於ける均工夫と税糧との関係	1962
168	藤井宏	明史食貨志譯註（塩法）	
169	藤井宏	明史食貨志譯註（田制）	
170	藤井宏	漢代塩鉄専売の実態	1970
173	藤井彰治	毛林派の新軍事支配体制の分析	1968
174	藤井高美	北伐	
175	藤井高美	第二次国内革命戦争（一）	
176	藤井高美	第二次国内革命戦争（二・完）	
178	藤井高美	武漢政府時代における国共関係	
179	藤井高美	抗日民族統一戦線の先声	1960
372	日比野丈夫	唐宋時代に於ける福建の開発	1939
373	樋口隆康	コーサームビー国都考	1960
374	日野開三郎	唐宋時代に於ける「穀」の語義用法	
375	日野開三郎	宋代の祖牛に就いて	
376	日野開三郎	宋の賃牛に就いて	1953
377	日野開三郎	唐宋時代に於ける粟の語義用法	1953
378	日野開三郎	稲－唐宋用語解の二	
379	日野開三郎	米	1952
380	日野開三郎	宋代長生庫の発展に就いて	1956
381	日野開三郎	唐代の金融業者「櫃坊」の形成	1976
398	平松茂雄（訳）	彭徳懐意見表明（１９５９）と紅衛兵の彭弾劾文書（上）	1968
399	平中苓次	漢の官吏の家族の税役免除と「軍賦」の負擔	1955
400	平中苓次	漢代の田租と災害による其の減免（上）	1959
401	平中苓次	秦代の自実田について	1960
402	平中苓次	漢代の田租と災害による其の減免（下）	1960
404	平野蕃	研究生活の回顧	1973

巻9 和文H 4

| 196 | 藤本昭 | 毛沢東の「工農業同時発展」思想について | |

198	藤村俊郎	中国における新民主主義革命の発展とプロレタリア階級独裁の成立について	1973
205	藤原裕	イタリア紀行	
	藤本昭	中国の工業化過程における経済発展テンポと比例関係	
197	藤本昭	中国における工業管理制度の改革	
192	藤本昭	人民公社化と所有制発展問題について	1962
195	藤本昭	中国の工業化過程における工農業関係の発展	1962
193	藤本昭	新中国の経済復興期（1949－52）	
202	藤田祐賢	論賛と随想の流れ	
203	藤田祐賢	聊斎民譚考	1969
201	藤田祐賢	聊斎俗曲考	
204	藤塚将一	中国考古学上の二問題	1968
406	平野義太郎	日中貿易協定と中国の輸出力	1952
407	平野絢子	中国における初級合作社の基本的性格	
408	平野絢子	集団的企業に下における農業生産力構造の変化と拡大再生産方式	
409	平野絢子	集団的所有と「差額地代」	
410	平野絢子	中国における農業生産力構造とその変化	
412	平山敏治郎	家の神と村の神	1961
413	平山敏治郎	「伝承」について	
416	北条秀一	二十一世紀の太平洋	1968
424	堀　毅	雲夢出土秦簡の基礎的研究	1977

巻10　和文H　5

159	藤枝晃	敦煌出土の長安宮廷写経	1961
165	藤家禮之助	王莽の奴婢政策の赤眉の乱	1974
171	藤井宏	創行期の一条鞭法	
184	藤森栄一	採集から栽培へ	1969
206	藤原つた子	安保問題についての私見	1966
207	藤原康晴	中国における農民の意識構造の変化	
220	福田節生	清代の微山湖における湖田について	1970
222	福井康順	「老子崇拝の諸相」資料	
228	福島正夫	革命中国の根本大法	1975
231	福島正夫・宮坂宏	中華ソビエト共和国・中国解放区憲法・施政綱領資料	1974
233	福島正夫	仁井田博士の中国研究	1966
234	福島正夫	法と歴史と社会と　1・2・3・4・5	1972
239	古島和雄	国民経済復興期における統制政策とその性格	1969
240	古島和雄	補農書の成立とその地盤	1952
241	古島和雄	近代中国の農村社会	1966

284	萩原淳平	明朝の政治体制	1967
304	花房英樹	読白氏文集記	1954
330	L．ハーヴィッツ	大乗大義章に於ける一乗三乗の問題について	
334	波多野宏一	まぼろしの日中改善構想	1970
357	林巳奈夫	安陽殷虚哺乳動物群について	1958
358	林巳奈夫	漢代の飲食	1975
382	訳／平井聖ほか	中国建築の歴史（その１）	1975
383	訳／平井聖ほか	中国建築の歴史（その４）	1975
384	訳／平井聖ほか	中国建築の歴史（その５）	1975
385	訳／平井聖ほか	中国建築の歴史（その６）	1975
386	訳／平井聖ほか	中国建築の歴史（その８）	1975
387	訳／平井聖ほか	中国建築の歴史（その９）	1975
388	訳／平井聖ほか	中国建築の歴史（その１０）	1975
389	訳／平井聖ほか	中国建築の歴史（その１１）	1975
390	訳／平井聖ほか	中国建築の歴史（その１２）	1975
391	訳／平井聖ほか	中国建築の歴史（その１３）	1976
392	訳／平井聖ほか	中国建築の歴史（その１４）	1976
393	訳／平井聖ほか	中国建築の歴史（その１５）	1976
394	訳／平井聖ほか	中国建築の歴史（その１６）	1976
395	訳／平井聖ほか	中国建築の歴史（その１７）	1976
396	訳／平井聖ほか	中国建築の歴史（その１８）	1976
397	訳／平井聖ほか	中国建築の歴史（その１９）	1976
403	平中苓次	居延漢簡と漢代の財産税	1953
425	堀　毅	秦漢刑名攷	1978
430	穂積文雄	東洋近世経済史	1949
欠票	針生誠吉	中国における過渡期階級闘争と犯罪闘争の理論と実践	
欠票	古島和雄	第二次世界大戦における解放闘争	

巻１１　和文Ｈ－Ｉ

183	藤井髙美	第一次国共合作の成立	1957
209	藤原康晴	中国における戦後の土地改革と階級分析の諸問題	1970
218	福田節生	清末の土豪・唐守忠について	1973
219	福田節生	清末湖南の農村社会（１）	1974
221	福井勝義	エチオピアにおけるマメ類の呼称の分類とその史的考察	1972
223	福島裕	社会主義社会の性格	1969
230	福島正夫	ソ連農業企業論	1962
232	福島正夫・安藤鎮正・旗田巍	解放前中国農民の実態調査と農民経済の展開	1971

237	古島和雄	中国革命と人民民主統一戦線	1964
238	古島和雄	明末長江デルタに於ける地主経営	1950
283	浜田秀男	薬物中に発見せる籾の形質に就いて	1955
359	林　武	アラブ社会主義の諸問題－その発想と政策	
367	林要三	初期毛沢東の農民認識	1969
368	林要三	「実践論」「矛盾論」の執筆年代に関する若干の考察	1967
369	林要三	馬建忠の経済思想－「富民」思想の成立およびその役割	1966
411	平野絢子	社会主義経済への過渡期にあらわれた中国の「農民的土地所有」について	1961
438	井出一太郎	中国の人民公社を訪ねて	1960
448	伊原弘介	清代台湾における佃戸制について	1970
451	飯田喜代子	山家清供から見た宋代の文人料理	1963
452	飯田喜代子	篠田傳左衛門慶応3年九州日記の調理学的考察	1953
515	今堀誠二	清代における農村機構の近代化について（1）	
516	今堀誠二	清代における農村機構の近代化について（2）	
526	石橋栄達	日本博物学年表の訂正　（12号）	1949
526	石橋栄達	日本博物学年表の訂正　（17号）	1951
532	石田浩	非西欧世界における社会革命の意義	1978
534	石田浩	台湾漢人村落における地縁・血縁構造	1979
535	石田浩	解放前の華中江南農村の一性格	1979
536	石田浩	華北における「水利共同体」論争の一整理	1979
538	石田浩	華北における水利共同体について	1977
558	伊藤道治	大原美術所蔵の甲骨文字	1968
574	伊藤秀一	研究ノート「湖南農民運動考察報告」の露文初訳	1973
577	伊藤武雄	西南を聞く	1975
583	岩村三千夫	中国の対日政策	1962
584	岩村三千夫	10年来の日中関係	1959

巻12　和文 I　1

549	伊藤道治	李済著「中国文明的開始」	1958
550	伊藤道治	殷代における祖先祭祀と貞人集団	1962
551	伊藤道治	先秦時代の都市	1963
552	伊藤道治	甲骨文・金文に見える邑	1964
553	伊藤道治	西周時代に於ける王権の消長	1965
554	伊藤道治	春秋会盟地理考	1968
555	伊藤道治	西周時代に関する二・三の問題	1968
556	伊藤道治	両周地理考	1969
557	伊藤道治	1960年先秦史研究展望	

559 伊藤秀一	清末における進化論受容の諸前提	1960
560 伊藤秀一	進化論と中国の近代思想（一）	1960
561 伊藤秀一	進化論と中国の近代思想（二）	1960
562 伊藤秀一	十月革命後の数年間におけるソヴェト・中国・朝鮮勤労者の国際主義的連帯について（二）	1964
563 伊藤秀一	十月革命後の数年間におけるソヴェト・中国・朝鮮勤労者の国際主義的連帯について（一）	1964
564 伊藤秀一	批評と紹介 M.Aペルシッツ著「極東共和国と中国」	1966
565 伊藤秀一	第一次カラハン宣言の異文について	1968
566 伊藤秀一	コミンテルンとアジア（一）	1971
568 伊藤秀一	十月革命五十周年とアジア・アフリカ現代史	1968
569 伊藤秀一	バクーの東方諸民族大会について	1972
570 伊藤秀一	「国民革命」の危機とコミンテルン	1974
571 伊藤秀一	ロシア革命と北京政府	
576 伊藤徳男	代田法の一考察	1960
欠票 石川忠雄（謹呈）	季刊 外政 1958年冬季号 通巻第8号	

巻13 和文I 2

481 池田誠	唐宋の変革についての再検討	1954
482 池田誠	広東における革命と反動	1959
483 池田誠	広東護法政府の成立と軍閥反動（一）	1960
484 池田誠	内藤湖南の袁世凱論	1963
485 池田誠	内藤湖南の国民的使命観について	1963
486 池田誠	護法から改革への孫文理論の展開	1969
487 池田誠	資料 孫文とロシア革命（上）	1970
488 池田誠	資料 孫文とロシア革命（下）	1970
489 池田誠	日中国交回復への原点	1970
490 池田誠	第二次国共合作と孫文理論の《復権》	1973
491 池田誠	冀南における初期抗日態勢にかんする若干の資料について	1974
494 池田雄一	中国古代における聚落形態について	1971
495 池田雄一	中国古代における小陂・小渠・井戸灌漑について	1977
496 池田雄一	漢代における郷について	1973
497 池田雄一	漢代における「県大率百里」について	
498 池田雄一	中国古代の伍制について	1974
499 池田雄一	中国古代における郡県属吏制の展開	
500 池田雄一	馬王堆出土古地図と漢代の村	1975
501 池田雄一	咸陽城と漢長安城	1975

502	池田雄一	商鞅の県制	1977
578	岩間一雄	元代儒教の問題	1965
579	岩間一雄	論説　明初以降の思想動向と陽明学の形成	1966
580	岩間一雄	王陽明の伝記的素描	1965
581	岩間一雄	陸学の形成	1965
582	岩間一雄・田中収	1965年の東洋思想史研究の動向	1967
590	岩見宏	銀差の成立をめぐって	1957

巻14　和文I　4

440	鋳方貞亮	本邦古代稗作考	1955
441	鋳方貞亮	石棒・石剣考	1960
442	鋳方貞亮	朝鮮における稲栽培の起源	1961
443	鋳方貞亮	三国史記にあらわれた麦と麦作について	1968
444	鋳方貞亮	箆子考	1970
446	伊原弘介	范氏義荘祖冊の研究	
454	飯沼二郎	フランドル農法とノーフォーク農法	
455	飯沼二郎	明治20年代の経済思想	
456	飯沼二郎	ドイツにおける近代農学成立の前提	
458	飯沼二郎	世界農業史上における古代パレスチナ農業の位置について	1966
459	飯沼二郎	福岡農学校における横井時敬	
503	池垣忠和	代田法－特にその技術内容について	1971
504	生島広治郎（編）	わが国の安政年間開国条約集	1969
587	井貫軍二	北伐時代の湖南省における農民運動	
588	井貫軍二	馬夜（馬日・馬沙）事変について	
589	井貫軍二	五・三〇事件の研究ノート	
591	井貫軍二	湖南自修大学と湖南の革命	
592	井貫軍二	中国の初期共産主義青年団について	
593	井貫軍二	安源の大龍工（1922年9月）について	
594	井貫軍二	魯迅の五・三〇事件観	
596	井貫軍二	「乱弾」に現れたる瞿秋白の時局観	

巻15　和文I　4

505	今堀誠二	オルドスに於ける封建的大土地所有	1953
506	今堀誠二	清代以後における黄河の水運について	1959
507	今堀誠二	中国に於けるヨーマンギルドの構造（上）	
508	今堀誠二	中国に於けるヨーマンギルドの構造（下）	
509	今堀誠二	中国に於ける商工ギルドの素描	

510	今堀誠二	十六世紀以後における合夥（合服）の性格とその推移	
511	今堀誠二	東洋の生産と資本主義	
512	今堀誠二	仁井田陞著「中国法制史研究・刑法」	
513	今堀誠二	宋代の冬季失業者救護事業について	
514	今堀誠二	日中戦争の段階における国共両政権のナショナリズムについて	
517	今村城太郎	司馬遷の立場	1962
518	今西春秋	満文武皇帝実録の原典	1960
519	稲葉四郎	科学の進歩と人間の自己疎外	
520	井上裕正	清代咸豊期のアヘン問題について	1977
523	井上吉次郎	人狐辨惑談	1960
527	石田興平	満州における旗地的奴隷制荘園の形成崩壊と漢人の植民	1956
528	石田興平	清代における農業生産力の停滞と農民の搾取	1957
529	石田興平	中国における専制的統一国家と交通および商業の発達	1957
530	石田浩	台湾漢人村落の社会構造	1979
539	石井俊之	農家の零細化	1950
540	石川忠雄	第一次国共合作とコミンテルン	
541	石川忠雄	李立三コースとロシア留学正派	
543	石川忠雄	ロバート・C・ノース氏による張国燾回顧談記録	
544	石川忠雄・徳田教之	江西ソヴェト期における抗日反帝統一戦線の諸問題	
545	石川忠雄	京漢鉄道罷業と陳独秀	
547	石川忠雄	西安事件の一考察	
548	石尾芳久	太政官と公坐相連	1960

巻16　和文I　5

461	飯沢二郎	古典古代と旱地農法	1966
462	飯沼二郎	農業技術論序説	1961
463	飯沼二郎	マニュファクチァア段階の終焉と村落共同体の解体	1658
466	飯沼二郎	日本における近代農学の成立	1974
467	飯沼二郎	日本史における犂と鋤	1971
468	飯沼二郎	乾燥地農業と湿潤地農業	1968
470	飯沼二郎	初期駒場農学校の農学	1966
471	飯沼二郎	アジアにおける「明治農法」の位置	1965
472	飯沼二郎	世界農業史上における古代パンジャーブ旱地農業の位置について	1964
474	飯沼二郎	西欧農法の近代的転換（完）	
475	飯沼二郎	西欧農法の近代的転換（序説）	
476	飯沼二郎	西欧農法の近代的転換	
477	飯沼二郎	資本制農企業の展開と農業経営学の成立（IV）	

478	飯沼二郎	資本制農企業の展開と農業経営学の成立（Ⅲ）	
479	飯沼二郎	資本制農企業の展開と農業経営学の成立（Ⅱ）	

巻17　和文 I－K

521	井上忠勝	グラアスの経営発展段階説	
437	市川泰次郎	共産中国をめぐる内外情勢	1962
439	家永泰光	灌漑麦作の二類型とその経営的意義	1961
445	鋳方貞亮	「孝女知恩」と「貧女養母」	1969
460	飯沢二郎・富岡次郎	イギリスにおける農民層のブルジョア的発展についての一事例	1958
465	飯沼二郎	いわゆる『農業革命』について	
473	飯沼二郎	英国農業革命の技術構造（続）	1956
493	池田末利	釋死	
524	井上清	現代日本における歴史教育・歴史研究の課題	1965
525	一本杉玲子	冬牲－明末清初の福建における	1953
533	石田浩・江口信清・窪田弘	同族結合を通じた生産組織	1978
585	岩村忍	五戸絲と元朝の地方制度	1962
656	勝村哲也	六朝末の三国	1973
657	勝村哲也	南朝門閥の家産	1974
683	川勝守	張居正大量策の展開（一）	
696	菊池英夫	太湖周辺の旧地主庄園（その一）	1966
697	菊池英夫	太湖周辺の旧地主庄園（その二）	1967
698	菊池英夫	太湖周辺の旧地主庄園（その三）	1968
699	菊池英夫	南朝田制に関する一考察	1969
711	木村英一	古典の復原に関する若干の問題	
712	木村英一	孔門の若き秀才たち	1972
721	木村正雄	漢代における第二次農地の形成と崩壊	1955
743	北山康夫	唐宋時代に於ける福建省の開発に関する一考察	1939
774	古賀登	均田法と犂共同体	
775	古賀登	阡陌制下の犂農法	1974
776	古賀登	尽地力説・阡陌制補論	1978
794	小島麗逸	中国の産業と公害	
807	近藤治	植民地前インドの社会構成（その一）	1974
808	近藤治	植民地前インドの社会構成（その二）	1974
809	近藤子洲	中国における農業合作化運動	1958
854	草野靖	宋代官田の経営類型	
865	加用信文	イギリス古典農業百貨辞典について	
欠票	黒木國泰	一條鞭法成立の生産力的基礎	

欠票	川勝守	張居正大量策の展開（二）	

巻18　和文K　1

660	河地重蔵	中国古代経済史の問題状況と二・三の方法的仮説	1961
661	河地重蔵	晋の限客法にかんする若干の考察	1956
662	河地重蔵	古代経済史研究の問題点	
663	河地重蔵	晋代の「士」身分と社会秩序の諸問題	
664	河地重蔵	毛沢東の中国経済観と文化大革命の最近二・三の動向	1968
665	河地重蔵	漢代の土地所有制について	1955
666	河地重蔵	先秦時代の「士」の諸問題	1959
667	河地重蔵	チャオ・クゥオ・チュン『中国共産党の農業政策』	1962
668	河地重蔵	中国の地主経済	1963
669	河地重蔵	1930年代中国の農業生産力構造と最近の動向	1963
670	河地重蔵	中国における農業発展政策の変遷	1967
671	河地重蔵	旧中国における農村経済体制と村落	1968
672	河地重蔵	王莽政権の出現	1970
673	河地重蔵	毛沢東の農民革命論	1971
674	河地重蔵	アヘン戦争以後のウェスタン・インパクトと中国の農村経済体制	
678	河田悌一	書評　ウィン・チット＝チャン著・福井重雅訳『近代中国における宗教の足跡』	1975
679	河田悌一	書評　高田淳著『章炳麟・章士釗・魯迅』	1975
681	河原正博	西晋の戸調式に関する一研究	1964

巻19　和文K　2

725	木下忠	田植と直播	
726	木下忠	おおあし－代踏み用田下駄の起源と機能	1969
733	北村敬直	清代の商品市場について	
734	北村敬直	清代の時代的位置	1948
736	北村四郎	ケンペルの『日本植物記』について	1975
737	北村四郎	植物的世界観	1976
839	草野靖	占田課制について	1958
840	草野靖	宋代民田の佃作形態	1969
841	草野靖	宋代官田の租種管業	1969
842	草野靖	宋元時代の水利田開発と一田両主慣行の萌芽（上下）	1970
843	草野靖	宋代の劉田	1970
844	草野靖	南宋文献に見える田骨・田根・田租・田底	1971
845	草野靖	宋代合種制補考	1972

846	草野靖	唐宋時代に於ける農田の存在形態（上）	1972
847	草野靖	旧中国の田面慣行－田面の物質的基盤と法的慣習的諸権利	1975
848	草野靖	旧中国の田面慣行	1975
849	草野靖	田面慣行の成立	1977
850	草野靖	丹喬二氏「宋代の佃戸制をめぐる諸問題」	
851	草野靖	大土地所有と佃戸制の展開	
852	草野靖	宋代の頑佃抵租と佃戸の法身分	

巻20　和文K　3

692	菊池英夫	五代禁軍に於ける侍衛親軍司の成立	
693	菊池英夫	北朝軍制に於ける所謂郷兵について	
694	菊池英夫	批評と紹介　唐宋時代を中心とする所謂「雇傭労働」に関する諸研究	1961
695	菊池英夫	六朝軍帥の親軍についての一考察	
700	木全徳雄	儒教の本質	1966
701	木全徳雄	謝礼雲の『辨宗論』	1967
702	木全徳雄	中国古代中世史把握の視覚と方法をめぐって	1972
703	木全徳雄	ヨゼフ・ニーダム「中国の科学と文明」	1974
704	木村英一	道教と中国の思想	1971
705	木村英一	顔淵について	1972
706	木村英一	子路について	1972
707	木村英一	論語における孔子に対する呼称	1974
708	木村英一	論語に現れた信の概念について	1973
709	木村英一	論語に見える徳の諸相について	1974
710	木村英一	中国思想史学に対象について	
714	木村正雄	周代官僚の系統	
715	木村正雄	前後漢時代における県の置廃とその条件	
716	木村正雄	前後漢時代における県の置廃とその条件（二）	
717	木村正雄	前後漢時代における県の置廃とその条件（三）	
718	木村正雄	籍田と助法	
719	木村正雄	秦漢時代の収粟政策	
720	木村正雄	中国古代貨幣制	1955
742	北山康夫	秘密結社と辛亥革命	1963
824	熊代幸雄	発酵文化と合成文化	

巻21　和文K　4

602	影山剛	前漢塩鉄専売制の一考察	1961
603	影山剛	中国古代の商業と商人	1963

604	影山 剛	後漢期の塩政に関する一・二の問題	
605	影山 剛	漢代の経済観について	
613	鎌田秀雄	人間観と「一般民主主義」	1966
614	金田章裕	奈良・平安期の村落形態について	1971
615	金田章裕	平安期の大和盆地における条理地割内部の土地利用	1978
616	金田章裕	東大寺領庄園の景観と開発	1978
617	金田章裕	荘園村落の景観	1978
619	金子文夫	創業期の南満州鉄道	1978
627	笠原仲二	書評 中国農村慣行調査	1980
628	笠原仲二	真・理とその認識	1953
629	笠原仲二	現実の変革と隠通思想	1953
631	笠原正明	朝鮮戦争と中国の経済政策	
638	片岡芝子	華北の土地所有と一条鞭法	1962
639	片岡芝子	明末清初の華北における農家経営	
641	片山 剛	批評と紹介 ロイ・ホファーンズJr著「砕けた波－中国共産党の農民運動」	1978
646	加藤祐三	学問と植民地支配にかんする覚え書（一）	1971
647	加藤祐三	書評 W・ヒルトン著「翻身－ルポルタージュ中国の土地改革」	1971
648	加藤祐三	孔子批判の意味	1974
652	加藤惟孝	鈴江言一の憶い出	1961
653	加藤惟孝	兆民の子	1963
655	勝村哲也	修文殿御覧巻第三百一番部の復元	1973
658	桂 芳男	フリング・ミル利用の一般化過程に関する一考察	
659	桂 芳男	紹介 E・G・ハーパー「十八世紀フランスのブルジョワジー」	1957
680	川原秀城	三統暦の世界	
682	川勝 守	明末清初、長江デルタにおける棉作と水利（一）	1977
861	加用信文	リチャード＝ウェストン『ブラバントおよびフランダーズ農業論』再考	1967
862	加用信文	リチャード＝ウェストン『ブラバントおよびフランダーズ農業論』考	1965
864	加用信文	アンダーソンの地代論に関する書誌的考察	1970

巻22 和文K 5

414	慶松光雄	本邦に於ける中国地方志の収蔵とその目録	1953
778	小嶋正巳	中国の労働保険制度について	
784	小島晋治	太平天国と農民（上）	1965
785	小島晋治	太平天国と農民（中）の一	
786	小島晋治	太平天国と農民（中）の二	

787	小島淑男	清末民国初期における浙江省嘉興府周辺の農村社会	1967
788	小島淑男	1910年代における江南の農村社会	1974
789	小島淑男	「千人会起義」と会党	
790	小島淑男	清末民国初期蘇州府の絹織業と機戸の動向	
792	小島麗逸	中国農村革命の進展	1973
793	小島麗逸	中国における迷信への挑戦と科学	1973
795	小島麗逸	土に根づく中国経済	1972
797	小南一郎	「神仙傳」の復元	1974
812	小山正明	明末清初の大土地所有（一）	1957
813	小山正明	明末清初の大土地所有（二）	1958
814	小山正明	明代における税粮と差徴と戸則との関係	1965
815	小山正明	清末中国における外国綿製品の流入	
816	上妻隆栄	中国における市場関係の変革と価値法則の作用について	
820	窪添慶文	北魏前期の尚書省について	1978
821	窪添慶文	魏晋南北朝における地方官の本籍地任用について（一）	1974
822	窪添慶文	魏晋南北朝における地方官の本籍地任用について（二）	1974
838	倉持徳一郎	四川の場市	1957
856	倉田芳郎ほか	新潟県北蒲原郡における二窯址の調査	1962
857	栗原純	台湾事件	1978
860	桑原武	農業の躍進と人民公社	

巻23　和文K　6

757	古賀登	南朝租調攷	
758	古賀登	夏税・秋税の源流	
759	古賀登	唐代両税・三限攷	1961
760	古賀登	唐代両税法の地域性	
761	古賀登	唐代井塩攷	
762	古賀登	続唐代井塩攷	
763	古賀登	県郷亭里制度の原理と由来	1973
764	古賀登	阡陌攷	1974
765	古賀登	阡陌制下の家族・什伍・閭里	
766	古賀登	秦商鞅の軍制・軍功褒賞制と身分制	1974
767	古賀登	戦国・秦漢時代の土地・家族・村落	1976
768	古賀登	中国古代史の時代区分問題と雲夢出土の秦簡	1977
769	古賀登	法家における邑制・軍制・身分制	
770	古賀登	中国古代の家族・村落制度の研究について	1974
771	古賀登	商君書境内篇校訂訳註	

798	近藤秀樹	清朝権力の性格	1971
801	近藤治	十七世紀後半の北インドにおける農民収奪の一面	1969
802	近藤治	パキスタン歴史学会の動向	
803	近藤治	インド資本主義形成の特質	
804	近藤治	植民地前インドの社会構成について	1976
805	近藤治	インドの社会構成と変革課題	1976

巻24　和文K 7

630	笠原正明	「連蒋抗日民族統一戦線の形成」	
632	笠原正明	朝鮮戦争と中国経済	1968
633	笠原正明	中国農業合作化の初期課程	1967
634	笠原正明	中国共産党土地政策の変遷	1966
635	笠原正明	1958年の中国水運	1967
636	笠原正明	中国の朝鮮戦争介入と満州問題	1970
637	笠原正明	1959年の中国水運	1967
724	木下忠	古代の犂	1975
779	小嶋正巳	社会主義社会における分業廃棄の端緒形態	1971
780	小嶋正巳	人民公社における生産管理制度と分配制度	
781	小嶋正巳	現段階の農村人民公社の基本的性格と制度	
782	小嶋正巳	中国の社会主義賃金制度における若干の問題（Ⅱ）	
783	小嶋正巳	中国の社会主義賃金制度における若干の問題（Ⅰ）	
817	上妻隆栄	中国における農業集団化の理論（二）	
818	上妻隆栄	中国における農業集団化の理論（一）	
819	上妻隆栄	新民主主義のもとでの国家資本主義	
825	熊代幸雄	農業の現代的意義	
826	熊代幸雄	超輪栽農法の規定	1962
827	熊代幸雄	日本畑作論序説	1959
828	熊代幸雄・竹松一由	農業経営の多角化と部門間の結合関係	1954

巻25　和文K 8

642	加藤祐三	19世紀のアジア三角貿易	1979
643	加藤祐三	春耕考	1977
644	加藤祐三	現代中国の農村労働（下）	1975
645	加藤祐三	現代中国の農村労働（上）	1975
654	加藤寛昭	研究ノート　中国憲法のとらえ方	1978
675	河地重蔵	農村人民公社の収入と農民にたいする分配制度にかんする2・3の問題について	1975
677	河田悌一	啓蒙的知識人・陳独秀	1973

685	鍛治邦雄	大上末廣の満洲経済論	1977
686	鍛治邦雄	1920年代における中国人の「満州移住」について	1977
747	小林立	『矛盾論』研究－三つの路線から二つの路線へ	1970
748	小林立	『矛盾論』研究－過渡期階級闘争の理論	1969
749	小林立	『矛盾論』研究－合従連衡論	1969
750	小林立	『矛盾論』批判－対立物の相互転化論	1968
751	小林立	『矛盾論』批判－敵対的矛盾」と「非敵対的矛盾」	1968
752	小林立	『矛盾論』批判－対立物の闘争について	1967
753	小林立	『矛盾論』批判－矛盾の同一性について	1966
754	小林英夫	初期台湾占領政策について（一）	1976
755	小林英夫	初期台湾占領政策について（二）	1977
756	小林英夫	初期台湾占領政策について（三）	1978
799	近藤日出男	古代米に関する基礎的研究	
800	近藤日出男	古代米に関する基礎的研究　第2報	

巻26　和文K　9

415	慶松光雄	1605年（明・萬暦33年）海南島大地震	
618	金田章裕	13・14世紀における京郊の村落景観	1978
620	金子文夫	日露戦後の「満州経営」と横浜正金銀行	
621	金子文夫	1970年代における「満州」研究の状況（Ⅱ）	1979
622	金子文夫	日本における植民地研究の成立事情	1979
624	金子文夫	第一次大戦期における植民地銀行体系の再編成	1979
625	金丸一夫	中国における社会主義への過渡期の総路線	1954
626	金丸一夫	中国における社会主義工業化政策	1954
650	加藤祐三	土地改革と基層政権の確立課程	1966
651	加藤祐三	土地改革前の中国農村社会	1968
676	河地重蔵	1930年代中国の農民層分解の把握のために	
684	川村嘉夫	中国雑誌解題	1975
687	木越邦彦	年代測定	1976
688	木越邦彦	考古学における年代測定	1976
689	木越邦彦	炭素－14による年代測定の誤差とその補正	1967
691	菊池秋雄	上海水蜜桃と白芒水蜜桃	1948
713	木村康一教授定年記念事業会	木村康一教授研究報文目録	1965
722	木村哲三郎	最近のインドシナ情勢	
727	木下忠	島根県匹見町広瀬出土の犂鏡の再検討	1977
728	木下忠	考古学研究における「民族学的方法」	1967
731	岸上定男	送泥客土の技術学的研究（その1）	

773	古賀登	中国多毛作農法の成立	1959
806	近藤治	深沢宏『インド社会経済史研究』	1973
853	草野靖	唐中期以降における商品経済の発展と地主制	
858	栗原浩	アジア各国における主食作物の選択に関する比較検討	1976
欠票	影山剛	陳渉の乱について	
欠票	影山剛	塩鉄専売制施行の時期とその他雑考	
欠票	影山剛	中国古代帝国における手工業・商業と身分および階級関係	
欠票	影山剛	塩鉄論について	
欠票	影山剛	前漢時代の奴隷制をめぐる一、二の問題	
欠票	影山剛	前漢の酷吏をめぐる二・三の問題	

巻27 和文K 10

735	北村四郎	日本の野生菊の分布に関する報告	1967
738	北村四郎	飲膳正要の植物	1969
740	北村四郎	日本救荒植物再検	1946
744	北山康夫	朝鮮3・1独立運動について	1967
745	北山康夫	同盟会時代の民生主義について	1961
746	北山康夫	海国図志とその時代	1955
777	小嶋正巳	中国調整期の賃金制度とプロ文革後の改革方向	1972
791	小島淑男	近代中国の農村経済と土地所有関係	1978
796	小島麗逸	中国における最近の再生産論争	
810	越沢明(訳)	中華人民共和国における都市計画の現状に関する資料(その2)	1979
829	熊代幸雄	斉民要術の日中の今釈について	1971
831	熊代幸雄	オーストリアの山村問題と対策	1972
832	熊代幸雄	蔵国煇著『中国甘蔗糖業の展開』	1968
833	熊代幸雄	農業機械銀行	1968
834	熊代幸雄	大躍進期の農法変革について	1968
835	熊代幸雄	東アジア畑輪作の形成	1960
836	熊代幸雄	営農改善の基本問題	1951
867	加用信文	オーエンの「協同村」の抗争	
868	加用信文	イギリス農業近代化における穀物刈取作業の問題	
869	加用信文	イギリス雑草研究史考	1970
870	加用信文	Jethra Toll, The Horse-Hoeing Husbandry 考	1968
871	加用信文	James Anderson 書誌	1969

巻28 和文L-M 1

366	訳/林要三・著/盧丈	新民主主義を歪曲して資本主義とする楊献珍同志の謬論を駁す	1972

876	林伝芳	客家と中国の近代	1976
877	劉大年	歴史教育の諸問題	
879	劉大年	中国近代史研究の諸問題	
886	牧野修二	元代匂当官の体系的研究（その１）	1972
887	牧野修二	元代匂当官の体系的研究（その２）	1973
888	牧野修二	元代匂当官の体系的研究（その３）	1974
889	牧野修二	元代匂当官の体系的研究（その４）	1975
890	牧野修二	元代匂当官の体系的研究（その５・完）	1976
891	牧野修二	元代廟学書院の規模について	1979
892	牧野修二	元朝中書省の成立	
893	牧野修二	元代の儒学教育	1979
894	牧野修二	大理国の城についての一考察	
896	牧野巽	広東の合族祠と合族譜	
897	牧野巽	中国古代貨幣経済の衰頽過程	
898	牧野巽	中南支那平野原住民族の遠距離商業	
899	牧野巽	「東亜米作民族の財産相続制の比較」追補	1953
900	牧野巽	中国の古代家族は経済的自給自足に非ず	1950
901	牧野巽・	東亜米作諸民族における奴隷制	1954
904	増淵龍夫	グルントヘルシャフトとドルフ	
905	増淵龍夫	漢代における民間秩序の構造と任侠的習俗	1951
906	増淵龍夫	漢代における国家秩序の構造と官僚	1952
907	増淵龍夫	中国古代社会の発展に関する戦後の体系的把握の試みについて	1953
908	増淵龍夫	漢代における巫と侠	1954
909	増淵龍夫	墨侠	1954
910	増淵龍夫	商鞅変法の一問題	1956
911	増淵龍夫	先秦時代の山林藪沢と秦の公田	1957
912	増淵龍夫	韓非子喩老篇の所謂楚邦之法について	
913	増淵龍夫	漢代郡県制の地域別的考察	
915	増井経夫	史通の伝承	1954
917	増村宏	遣唐使の停止について	1973

巻２９　和文 L-M　２

811	訳/越沢明・著/劉学海	中華人民共和国における都市計画の現状に関する資料（その１）	1978
914	増淵龍夫	中国古代デスポティズムの問題史的考察	
959	三木栄	体系・世界医学史　医学とは何か・医史とは何か	1970
962	三木栄	朱震亨と西洋医学	1960
967	三木毅	中国インフレーション期の金融財政政策	1964

968	三木毅	中国回復期における金融制度の集中（その2）	1962
969	三木毅	中国回復期における金融制度の集中（その1）	1961
970	三木毅	清朝末および中華民国の貨幣制度	1963
972	三木毅	中国経済における封建制および植民地性の解剖	1955
973	三木毅	新中国における三反・五反運動と運動下の財経工作	1955
974	三木毅	新中国における統一国家財政経済工作について	1954
975	三木毅	上海銀銭業の票拠交換制度	1954
981	三津一朗	古代華北の方格地割	
982	光岡玄	新中国の労働組織の変遷	1959
983	三輪茂雄	石臼の歴史を訪ねて	1974
989	宮川尚志	六朝時代の奴隷制の問題	1960
993	宮川満	近世初期の屋敷図からみた家族と社会	1956
997	宮坂宏	華北における水利共同体の実態（上）	
1030	森井庄内	日中貿易について	
1036	森正夫	十七世紀の福建寧化県における黄通の抗租反乱（三）	1978
1037	森正夫	十七世紀の福建寧化県における黄通の抗租反乱（二）	1974
1038	森正夫	十七世紀の福建寧化県における黄通の抗租反乱（一）	1973
1039	森正夫	元代浙西地方の官田の貧難佃戸に関する一検討	1972
1040	森正夫	十五世紀前半蘇州府における徭役労働制の改革	1966
1041	森正夫	十五世紀前半太湖周辺地帯における国家と農民	1980
1044	森村謙一	本草学者の類型と学風	
1045	森村謙一	本草綱目の植物記載	
1047	盛永俊太郎	日本人と稲作	1973
1049	盛永俊太郎	中国の稲	1969
1061	森鹿三	正倉院薬物と種々薬帳	1955
1074	森田明	福建省における水利共同体について	
1076	森田明	明代練湖の水利問題	1970
1077	森田明	明代の治農官について	1971
1078	森田明	清代華北における水利組織とその性格	1977
1111	向山寛夫	中華民国時代における労働保護立法	1964
1112	向山寛夫	中華民国時代における労働保護立法とその背景	1962
1113	向山寛夫	中国労働運動史	1963
1119	村主恵快	東パキスタンの仏教遺跡と仏教徒の現状	1967
1125	村上四男	新羅国の成立と発展	1953

巻30　和文L-M　3

883	陸定一	百花斉放百家争鳴	1956

895	牧野修二	南詔の官制	1960
902	牧野巽	広東原住民族考	1953
903	牧田諦亮	居士仏教に於ける彭際清の地位	
932	松丸道夫	釈畊 日本散見甲骨文字蒐彙	1958
938	松本光雄	中国古代社会に於ける分邑と宗と賦について	1953
946	村松慈孝	穀類抄に就いて	1946
953	松崎つね子	中国における農民戦争史論争をめぐって（二）	
990	宮川尚志	劉一明の悟真直指について	
994	宮川滿	太閤検地について（上）	
996	宮本又次	天草石本家研究の意義と九州在郷商業資本の性格	
999	宮下三郎	宋版備急千金要方について	1958
1014	宮下忠雄	新中国の対外貿易	1957
1016	宮下忠雄	中国人民公社序説	1959
1022	宮崎一定	史記貨殖伝物価考証	1956
1028	百瀬弘	清末直隷省の村図三種について	1931
1029	百瀬弘	清末直隷省青県市場共同体雑考	1968
1042	森本憲夫	極東における貨幣制度の研究	1952
1059	森鹿三	水経注に引用せる史籍	1950
1060	森鹿三	米澤藩学とその図書の歴史	1958
1075	森田明	清代の「水利用」について	
1086	守屋美都雄	唐・五代歳時記資料の研究	1962
1110	向山寛夫	厦門事件と恵州事件	1975
1114	向山寛夫	私の外遊見聞記	1972
1121	村主恵快	東パキスタンの仏教遺跡	1967
1157	室賀照子	日本に於ける製墨技術について	

巻31　和文M　1

1131	村松祐次	義和拳・清廷・列強	
1135	村松祐次	清末蘇州附近の一租桟における地主所有地	
1138	村松祐次	国立国会図書館収蔵の「魚鱗冊」について	
1139	村松祐次	清末民初の江南における抱攬関係の実態とその決算報告	
1141	村松祐次	二十世紀初頭における蘇州近傍の一租桟とその小作制度	
1143	村松祐次	近代中国の土地文書について	
1144	村松祐次	中国研究の近刊数種	
1145	村松祐次	エティアヌ・バラーシュとその遺著二種	
1146	村松祐次	清の内務府荘園	1146
1148	村松祐次	旗地の「取租冊档」および「差銀冊档」について	

1149	村松祐次	ワシントン大学刊太平天国史料集二冊について	1972

巻32　和文M　2

957	三上諦聴	孫文主義学会について	1958
958	三上諦聴	コミンテルンの秘密指令について	1955
960	三木栄	明治16〜19年仁川日本医院記録について	1963
961	三木栄	西域出土の医薬漢文文献について	1967
963	三木毅	新中国に於ける金融制度に付いて	
964	三木毅	新中国における工商業の調整について	1955
965	三木毅	新中国における人民幣デノミネーションについて	1956
966	三木毅	中国における国営企業流動資金と銀行信用	1964
977	三島康雄	陶磁器業の産業革命	1955
979	三橋時雄	湖東平野における灌漑技術の発達	1966
980	水原渭江	荀子の楽説について	1960
984	宮川尚志	道教史上にみたる五代	1973
985	宮川尚志	漢民族の南進と儒教の南方住民教化	
986	宮川尚志	赤獅堂議論	1958
987	宮川尚志	三国呉の政治と制度	1955
995	宮本又次	フランス社会学者の経済史的研究	
1023	溝川喜一	アダム・スミスの地代論について	
1024	三好正喜	過渡期農業経済史の方法に関する一試論（上）	
1025	三好正喜	過渡期農業経済史の方法に関する一試論（下）	
1026	三好正喜	近代日本農業生産力の展開について	1977

巻33　和文M　3

1127	欧ア協会	中共の農業事情	1968
1128	村松祐次	中国第一次五ヵ年計画と農業	1956
1129	村松祐次	中共史のアメリカ的研究	
1130	村松祐次	初期の中国共産党と農民	1955
1132	村松祐次	淶水事件と列国の出兵	
1133	村松祐次	清代の紳士－地主における土地と官職	
1134	村松祐次	清代のいわゆる「蘇松の重賦」について	
1136	村松祐次	旗地の「取租冊档」および「差銀冊档」について（上）	
1137	村松祐次	旗地の「取租冊档」および「差銀冊档」について（下）	
1140	村松祐次	最近遇目した若干の中国地主関係文書について	
1142	村松祐次	清末の江南における小作条件と小作料の催追について	
1147	村松祐次	清代の義倉	

1150	村松祐次	続々私の中国観	1973
1151	村松祐次	旗地問題臆説	1972
1152	村松祐次	中国の村と革命	1973
1153	村松祐次・気賀健三	中共の孫冶方経済理論の批判をめぐって	1966

巻３４　和文М　4

885	前田正治	但馬森尾村清峯講に就いて	
940	松村四郎	ロシアの農奴制崩壊の諸原因	
941	松村四郎	18世紀後半期におけるロシア農奴制（上）	1954
942	松村四郎	18世紀後半期におけるロシア農奴制（二）	1955
943	松村四郎	18世紀後半期におけるロシア農奴制（三）	
944	村松四郎	古代の東スラブ人（一）	1959
945	村松四郎	古代の東スラブ人（二）	
949	松崎寿和	中国における農業の起源	
951	松崎つね子	陳勝・呉広の乱を基点とする社会的変動	1969
952	松崎つね子	後漢末の宗教的農民反乱	1971
954	松沢哲成	石原莞爾と世界最終戦論（一）（二）	1971
955	松沢哲成	満州事変と「民族協和」運動	

巻３５　和文М　5

920	松野昭二	「土地報酬」にかんする基本的考察	
922	松野昭二	農村人民公社の所有制と発展構造	1961
923	松野昭二	中国国民経済の発展過程（一）	1962
924	松野昭二	中国国民経済の発展過程（二）	1963
925	松野昭二（訳）	董輔礽「マルクス再生産表式の具体化についての試論」	1963
926	松野昭二	中国農業現代化序論	1964
927	松野昭二	調整期における国民経済と対外貿易	1968
928	松野昭二・芝池靖夫	中国官僚独占資本主義の本質問題について	1972
929	松野昭二	紹介　池田誠著『中国現代政治史』	1963
930	松丸道夫	殷墟卜辞中の田獵地について	1963
933	松本英紀（訳）	宋教仁の日記（一）	1975
934	松本英紀（訳）	宋教仁の日記（三）	1976
935	松本光雄	中国古代の「室」について	
936	松本光雄	類書に表現される中国社会の特性	
939	松本善海	北魏における均田・三長両制の制定をめぐる諸問題	1956

巻36　和文 M 6

998	宮下三郎	唐代の傷寒論・その書誌学的考察		1962
1001	宮下忠雄	中国経済の現状と将来		1972
1002	宮下忠雄	中国工業の回復と工業化		
1004	宮下忠雄	中国工業の回復と工業化		
1006	宮下忠雄	毛沢東の新民主主義		1957
1009	宮下忠雄	中国農村人民公社の所有制		1962
1010	宮下忠雄	中共辺区の経済と通貨		
1011	宮下忠雄	営口過爐の研究		
1018	宮崎一定	宣祖時代の科挙恩栄宴図について		1963
1019	宮崎一定	中国の歴史思想		
1020	宮崎一定	中国史上の荘園		1954
1021	宮崎一定	中国における集落形態の変遷について		

巻37　和文 M 7

1027	百瀬弘	海国図志小考		
1031	森正夫	明末清初の奴僕の地位に関する覚書		1971
1032	森正夫	日本の明清時代史研究における郷紳論について（一）		1975
1032	森正夫	日本の明清時代史研究における郷紳論について（二）（三）		1976
1033	森正夫	1645年太倉州沙渓鎮における烏龍会の反乱について		
1034	森正夫	民衆反乱史研究の現状と課題		1978
1035	森正夫	回顧と展望（中国－明・清）『史学雑誌』82-5		1973
1050		森鹿三博士著作目録附略年譜		1970
1051	森鹿三	鄺道元略傳		
1052	森鹿三	唯水史観		
1054	森鹿三	所在未詳の文館詞林		1957
1055	森鹿三	李柏文書の出土地		1959
1056	森鹿三	居延出土の卒家属廩麤名籍について		1960
1057	森鹿三	「薬種抄」について		1960
1058	森鹿三	日月の出入する山々		1960
1062	森田明	清代の治水事業について		1961
＊1062	森鹿三	支那暦と年中行事		1942
1063	森田明	明末における塘長制の変質について		1963
1065	森田明	清代の湖水管理について		1970
1066	森田明	台湾における一水利組織の歴史的考察		1972
1067	森田明	清代江南における圩田水利の一考察		
1068	森田明	清代の「議図」制とその背景		

1069	森田明	広東省南海県桑園囲の治水機構について	
1070	森田明	清代山東の民？と村落	
1072	森田明	清代台湾における水利組織の形成と発展	1976
1073	森田明	明末清代の「棚民」について	1976
1079	守屋美都雄	「開阡陌」の一理解	1957
1080	守屋美都雄	秦の軍功褒賞制における人的支配の問題について	
1081	守屋美都雄	周処風土記について	
1082	守屋美都雄	漢代家族の形態に関する再考察	
1083	守屋美都雄	近年における漢唐法制史研究の歩み	1960
1084	守屋美都雄	桓譚の生卒年代	
欠票	森田明	清代水利史研究序説	
欠票	森川守三	山西機械製粉業と磨坊との相関性	

巻38 和文M 8

1087		向山寛夫論文・著作目録	1958
1088	向山寛夫	中国共産党労働立法史料 その1	1954
1089	向山寛夫	中国共産党労働立法史料 その2	1955
1090	向山寛夫	中国共産党労働立法史料 その3	1957
1091	向山寛夫	中国労働法	1959
1092	向山寛夫	辺区の労働法	1966
1093	向山寛夫	中華民国における労働契約関係法（上）	1966
1094	向山寛夫	中華民国における労働争議法（Ⅰ）	1966
1095	向山寛夫	中華民国における労働争議法（Ⅱ）完	1966
1096	向山寛夫	中華民国における労働契約関係法（下）	1967
1097	向山寛夫	孫文と中国労働法	1970
1098	向山寛夫	宿縁の亡き友・中山日東男君	1971
1099	向山寛夫	湖南における杜甫	1973
1100	向山寛夫	苗栗事件と西来庵事件	1973
1101	向山寛夫	我が家の歴史再論	1973
1102	向山寛夫	二宮金次郎・尊徳翁の遺聞	1973
1103	向山寛夫	南原繁先生を偲んで	1975
1104	向山寛夫	衡陽の大攻囲戦（上）	1975
1105	向山寛夫	衡陽の大攻囲戦（下）	1975
1106	向山寛夫	大日本帝国陸軍の敗滅	1975
1107	向山寛夫	中華ソヴィエト共和国の反革命犯罪	1974
1108	向山寛夫	陝甘寧辺区の労働法	1974
1109	向山寛夫	中華人民共和国の国家主席	1978

1115	向寿一	台湾植民地化と通貨金融制度改革	1978
1119	村主恵快	東パキスタンの仏教遺跡と仏教徒の現状	1967
1122	村上四男	高麗時代の義倉	1950
1123	村上四男	高麗時代の常平倉	1952

巻39　和文 Y-Z

916	増村宏	隋書と日本書紀の遣隋使記事	1973
947	松野周治	1910年代東北アジアの経済関係と日本の対満州通貨金融政策	1978
948	松野周治	帝国主義確立期日本の対満州通貨金融政策	1977
950	松崎寿和	中国先史文化編年試論	
991	宮川満	藩政末期に於ける或る山村の生活	1955
992	宮川満　他	近江国蒲生郡中野村の研究	1954
1000		宮下忠雄博士略歴・著作目録	1972
1005	宮下忠雄	わが学びのあしあと	1972
1043	森本弌・中田一郎・田和好・多田加寿子	大阪府豊能郡西能勢村正月風俗	1954
1053	森鹿三	中華人民共和国行政区画表	1958
1071	森田明	清代四川における水利組織の素描	1969
1124	村上君子・阪田智栄子	酒造出稼が家庭生活に及ぼす影響	1958
1199	長瀬守	中国における農業水利集団の構造と進展	
1188	長瀬守	元朝における農田水利の若干の規定について	1963
1189	長瀬守	元代の勧農に関する官制系統について	1965
1190	長瀬守	元朝江南佃戸論序説	1969
1258	中尾佐助	苳麦文化圏	1950
1290	南部稔	新中国の所得税制度	1973
1291	南部稔	新中国の塩税制度と塩務工作	1973
1292	南部稔	新中国の地方税と地方付加（I）	1973
1350	野間清	抗日戦争時期の中国共産党の土地政策についての資料（1）～（7）	1969
1359	野間清	第3次国内革命戦争時期の中国共産党の土地政策についての資料（全）（1）～（10）	1973 -76
1371	野崎幸雄	中国における経営管理学説の発展	1966
1373	野沢豊	中国における企業史研究の特質	1971

巻40　和文 N　1

1346	野原四郎	抗日民族統一戦線と西安事変	1977
1347	野間清	日清貿易研究所の性格とその業績	1964
1348	野間清	満鉄経済調査会設置前後	1964

1349	野間清	中国農村慣行調査の企画と実績	1964
1351	野間清	中国の初期農業生産協同組合設立期思想工作について	1962
1352	野間清	最近の中国農村人民公社の若干の問題について	1974
1353	野間清	続・中国の村づくり（1）	1969
1354	野間清	満鉄経済調査会の設立とその役割	1975
1355	野間清	「満洲」農村実態調査の企画と業績	1976
1356	野間清	中国慣行調査、その主観的意図と客観的意図	1977
1357	野間清	『中国農村における社会主義の高まり』評語集（1）（2）（3）	
1369	野中時雄	日本移民の方向	1956
1370	野中時雄	私の満州での調査の跡	1958
1372	野沢豊	中国の半植民地化と企業の運命	1955
1374	野沢豊	沈玄廬の死	1977
1378	布目潮渢	半銭半穀論	1957
1379	布目潮渢	茶経の版本における三種の百川考海本と明鈔説郛本	1957
1380	布目潮渢	茶経　国語訳・注解・原文・参考文献	1957
1381	布目潮渢	唐律研究（1）	1958
1382	布目潮渢	白楽天の官吏生活	1960
1383	布目潮渢	隋末の叛乱期における李密の動向	
1384	布目順郎	世界最古の繭	

巻41　和文N　2

1218	内藤戊申	東洋史の時代区分論	1954
1219	内藤戊申	東洋史の時代区分論（続）	1955
1220	内藤戊申	中国史分期論に関する覚書	1957
1221	内藤戊申	中国史の時代区分論展望	1958
1222	内藤戊申	邾国年代序説	1960
1223	内藤戊申	内藤湖南・北韓吉林旅行日記	1961
1224	内藤戊申	内藤湖南・間島吉林旅行談（上）	1963
1225	内藤戊申	内藤湖南・間島吉林旅行談（下）	1963
1226	内藤湖南記・内藤戊申編	游清記（一）	1956
1227	内藤湖南記・内藤戊申編	游清記（二）	1956
1228	内藤湖南記・内藤戊申編	游清記（三）	1956
1229	内藤湖南記・内藤戊申編	游清記（四完）	1956
1230	内藤湖南記・内藤戊申編	游清第三記（上）	
1231	内藤湖南記・内藤戊申編	游清第三記（下）	
1235	内藤乾吉	湧喜斎本唐律疏議の刊行年代	1956
1299	新村容子	清末四川省におけるアヘンの商品生産	1979

1300	西田太一郎	中国古刑法における過失・錯誤について	1960
1301	西川正夫	敦煌発見の唐代戸籍残簡に現れた「自由」について	
1303	西村元照	張居正の土地丈量（上）	1971
1304	西村元照	張居正の土地丈量（下）	1971
1305	西村元照	明後期の丈量について	1971
1306	西村元照	劉六劉七の乱について	1974
1307	西村元照	清初の土地丈量について	1974
1308	西村元照	1974年の歴史学界（明・清）回顧と展望　第84編	1975
1309	西村元照	清初の包攬	1976
1310	西村元佑	北魏均田考	1949
1311	西村元佑	西魏計帳戸籍における課と税の意義（上）	1961
1312	西村元佑	西魏計帳戸籍における課と税の意義（下）	
1313	西村元佑	均田法における二系列	1966
1314	西村元佑	北斉河清三年令における墾田永業規定成立の意義	1967
1315	西村元佑	勧農政策と占田課田	1958
1316	西村元佑	漢代の騎士	1958
1317	西村元佑	西魏時代の敦煌計帳戸籍（スタイン漢文文書第613号）に関する二・三の問題	1961
1318	西村成雄	大革命期における東三省	1972
1319	西村成雄	満州史研究会編『日本帝国主義下の満州』	1972
1320	西村成雄	第一次世界大戦後の中国における民族運動	
1325	西野貞治	敦煌本捜神記について	1957
1326	西岡弘晃	宋代鑑湖の水利問題	1972
1331	西山武一	明代江南田主小考	1950
1332	西山武一	アジア的封建制の形成	1966
1333	西山武一	近世華北旱地農法考	
1337	西嶋定生	魏の屯田制	1956
1338	西嶋定生	秦漢帝国の出現	1960
1339	西嶋定生	武帝の死	1965
1340	西嶋定生	中国古代統一国家の特質－皇帝支配の出現	1967
1341	西嶋定生	総説（古代四）	1970
1342	西嶋定生	皇帝支配の成立	1970
1343	西嶋定生	中国古代奴隷制の再考察	
1345	西嶋定生	代田法の新解釈	

巻42　和文N　3

1180	那波利貞	唐代に於ける道教と民衆との関係に就いて	1962

1181	那波利貞	平安京の都市規制と大唐文化	1964
1186	長瀬守	渠水考	1961
1187	長瀬守	北宋の治水事業	1960
1191	長瀬守	宋代における国家権力と農村	1967
1192	長瀬守	元朝における華北の水利開発と管理	1974
1193	長瀬守	宋代江南における水利開発	1974
1194	長瀬守	宋元時代の建康周域における各県の水利開発（三）	1978
1195	長瀬守	北宋における江南太湖周域の水利学	1979
1196	長瀬守	宋元時代の水利官	
1197	長瀬守	古代より宋元に至る水利学の変遷	
1198	長瀬守	宋元時代の農書と農業技術	
1204	永友繁雄	農業経営合理化の基本問題	
1205	永友繁雄	農業経営に於ける裏作麦転換問題の意義	
1206	永友繁雄	村落形式及び農場制の意義	
1207	内藤昭	新民主主義社会の基本的性格	
1208	内藤昭	新中国の対外貿易	1956
1209	内藤昭	旧中国の対外貿易について	1958
1210	内藤昭	中国における社会主義理論の若干の問題	
1211	内藤昭	外国貿易の必然性について	1959
1212	内藤昭	過渡期における基本的法則	
1213	内藤昭	過渡期における剰余価値の法則	1958
1214	内藤昭	中国の第一次五ヵ年計画期における対外貿易	1960
1215	内藤明	中ソ経済関係の発展とその特質	
1216	内藤昭	中国の対人民民主主義国経済関係の発展とその特質	
1217	内藤昭	旧中国対外貿易の基本的性格	

巻43　和文N　4

1236	中川学	中国東南アジアにおける客家の歴史的位置について	1973
1237	中原晃雄	清代における漕糧の商品化について	1958
1238	中原晃雄	清代漕船による商品流通について	1959
1239	中井英基	清末中国における開墾企業の定欵について	1975
1241	中村治兵衛	清代湖広米流通の一面	
1242	中村治兵衛	台湾の農地改革	1953
1243	中村治兵衛	清代山東の学田の小作	1956
1244	中村治兵衛	清代山東の学田	
1245	中村治兵衛	五代江南の土地改革	
1247	中村宏	愛媛県における産米検査と小作制度	

1248	中村圭爾	南朝の九品官制における官位と官歴	1975
1249	中村圭爾	九品中正法における起家について	
1250	中村圭爾	晋南朝における除名について	
1251	中村圭爾	九品中正法における清官について	1976
1252	中村圭爾	晋南朝における官人の俸禄について（上）	1978
1253	中村圭爾	「士庶区分」小論	1979
1260	中村哲夫	清末華北における市場圏と宗教圏	
1261	中村哲夫	陳天華の革命論の展開	1968
1262	中村哲夫	郷紳の手になる郷紳調査について	
1263	中谷英雄	唐代史研究文献類目（二）	1957
1265	中山治一	対満政策における西園寺＝林路線から桂＝小村路線への転換	1962
1266	中山八郎	清朝皇帝権について	1960
1267	中山八郎	再び「嘉靖朝の大禮問題の発端」に就いて	1962
1268	中山八郎	八大山人の生涯と別號土牛考（三編）	1970
1269	中山八郎	章学誠の「婦学」	
1270	中山八郎	最近の支那経済史研究書	
1271	中山八郎	鮑超と霆軍	
1272	中山八郎	至正十一年に於ける紅巾の起事と賈魯の河工	
1273	中山八郎	李永茂「邢襄題稿・枢垣初刻」に就いて	
1274	中山八郎	明史食貨志譯註	
1276	中山美緒	「恆産瑣言」について	1976
1277	中山美緒	一九七七年の歴史学会（明・清）回顧と展望　第８７編	1978
1278	中山美緒	清代前期江南の米価動向	1978
1280	中島千秋	阮籍の「獼猴の賦」について	
1285	中島健一	東南アジアにおける農奴制度と奴隷制度	
1287	中嶌太一	転形期における「中国銀行」の綿業投資の構造	1969
1288	中嶌太一	戦後に於ける中国官僚資本の基本性格	1972
1289	中嶌太一	書評『中国に於ける官僚資本――一九二七年～三七年に於ける国民党経済政策と国家資本主義の発展』	1973
1296	直木孝次郎	大化前代の研究法について	
1297	直木孝次郎	国家の発生	
1298	仁井田陞	中国の農奴・雇傭人の法的身分の形成と変質	1955
1965	幼方直吉	中国旧慣の調査について	1958
1966	幼方直吉	中国研究における否定と継承の問題	
1967	幼方直吉	日本人の朝鮮観	

巻44	和文 N-O		
1390	布目順郎	中国の養蚕と絹織を現地に見る	
1391	布目順郎	正倉院の繊維類について	1974
1447	越智重明	晋時代の租、調	1958
1448	越智重明	劉宋の五等開国爵と貴族	
1449	越智重明	晋南朝の故吏	
1453	越智昇	明治初期行政官僚制の展開構造	1962
1470	岡崎敬	漢代における池溝開発とその遺跡	1967
1504	大島利一	神農と農家者流	1950
1508	大谷政敬	マルクス主義財政論を批判	
1520	愛宕元	唐代の郷貢進士と郷貢明経	1973
2066	訳/渡部武・著/寧可	漢代農業生産漫筆	1979

巻45	和文 N-P		
1386	布目順郎	静岡県白岩遺跡出土の枾についての一考察	1976
1387	布目順郎	繊維からみた古代絹	1976
1388	布目順郎	山西省陽高県出土の漢代絹繊維およびその他繊維について	1975
1389	布目順郎	先秦時代の絹繊維およびその他繊維について（続）	1380
1392	布目順郎	藕糸織についての一考察	1974
1393	布目順郎	戦国画像紋にみられる採桑具について	1973
1394	布目順郎	絲綢之路（シルクロード）の一古城址で発掘された唐代繭殻に関する一考察	1373
1395	布目順郎	先秦時代の絹繊維およびその他繊維について	1973
1396	布目順郎	遼墓から出た忍冬紋綾の繊維について	1372
1397	布目順郎	枾とその類品	1954
1398	布目順郎	絹製品	1977
1450	越智重明	九品官人法の制定と貴族制の出現	1968
1452	越智重明	東晋南朝の族門制について	1972
1456	小倉芳彦	中国古代の質	
1463	岡西為人	中国本草の伝統と金元の本草	
1465	岡西為人	新修本草の構成	1959
1486	奥崎裕司	中国史における国家と宗教	
1489	尾上悦三	中国の経済成長と経済構造	1964
1490	尾上悦三	第2次5ヶ年計画期における中国の農業生産	
1499	大沼幸之助	開拓地営農における甘藷について	
1514	太田武男	ドイツ法における扶養義務	
1522	ドワイト・H・パーキンス	世界経済の中の中国本土	1967

巻46　和文０　1

1399	大庭脩	唐元和元年高階人遠成告身について	1960
1400	大庭脩	漢代の関所とパスポート	1954
1401	小畑龍雄	明代極初の老人制	
1402	小畑龍雄	高畠慶成解釈『大学衍義補国字略』について	
1454	小川雄平	旧中国における「国民党官僚資本主義」成立の契機	1972
1487	小野寺郁夫	宋代における都市の商人組織「行」について	1966
1491	小野勝年	円仁入唐求法の研究	1962
1492	小野勝年	康熙萬壽盛典図考證	1972
1493	小野和子	明末の結社に関する一考察（上）	1962
1494	小野和子	明末の結社に関する一考察（下）	1962
1495	小野和子	五・四運動期の婦人解放思想	1973
1497	小野信爾	四川東郷冤案始末	1973
1500	大澤正昭	唐宋変革期の歴史的意義	1980
1501	大島利一	呂氏春秋上農四篇に見える農業技術について	1966
1502	大島利一	ふたたび呂氏春秋上農四篇に見える農業技術について	1968
1503	大島利一	三たび呂氏春秋上農四篇に見える農業技術について	1970
1505	大谷孝太郎	太平天国の位置付け－素朴的から古典的へ	1952
1506	大谷孝太郎	太平天国の位置付け－社会科学的	1952
1507	大谷孝太郎	保守中国「自然帰向」の剥落	1963
1509	大谷政敬	雍正期を中心とした清代緑営軍制に関する一考察	1975
1510	大谷敏夫	雍正帝の治政と年羹堯断罪事件	1976
1511	太田武男	民法と家族制度	
1512	太田武男	戦後ドイツに於ける新婚姻法に就いて	1953
1513	太田武男	離婚をめぐる凡例上の諸問題	
1515	大山敷太郎	わが国塩業労働における封建制と近代性との交錯（上）	
1516	大山敷太郎	わが国塩業労働における封建制と近代性との交錯（中）	
1517	大山敷太郎	わが国塩業労働における封建制と近代性との交錯（下）	1952
1518	大山敷太郎	わが国労働関係の特質	1953

巻47　和文０　2

1403	越智重明	南朝の貴族と豪族	1956
1404	越智重明	劉宋の官界における皇親（摘要）	1957
1405	越智重明	晋代の都督	1957
1406	越智重明	東晋の豪族	1958
1407	越智重明	南朝の租、調	1959
1408	越智重明	西晋の封王の制	1959

1411	越智重明	州将蕭衍の挙兵をめぐって	1961
1412	越智重明	魏晋南朝の板授について	1967
1416	越智重明	秦の商鞅の変法をめぐって	1971
1417	越智重明	井田制の家	1971
1418	越智重明	漢魏晋南朝の郷・亭・里	1970
1422	越智重明	西魏・北周・北斉の均田制をめぐって	1974
1428	越智重明	社と田	1976
1429	越智重明	前漢時代の徭役について	1976
1431	越智重明	漢時代の家をめぐって	1977
1433	越智重明	漢六朝の家産分割と二重家産	1979
1436	越智重明	東晋の貴族制と南北の「地縁」性	
1437	越智重明	漢時代の戸と家	
1438	越智重明	東晋南朝の村と豪族	
1439	越智重明	南朝における皇帝の中央貴族支配に就いて	
1443	越智重明	籍田をめぐって	
1444	越智重明	晋南朝における家産の分割をめぐって	
1445	越智重明	劉裕政権と義熙士断	
1446	越智重明	南朝の国家と社会	

巻48　和文0　3

1409	越智重明	南北朝時代の幹僮、雑役、雑使、雑任などについて	1963
1410	越智重明	州大中正の制に関する諸問題	1965
1413	越智重明	累世同居の出現をめぐって	1968
1414	越智重明	晋南朝の税制をめぐって	1970
1415	越智重明	戦国時代の聚落	1971
1419	越智重明	北魏の均田制をめぐって	1972
1420	越智重明	客と部曲	1973
1421	越智重明	里から村へ	1973
1423	越智重明	魏王朝と士人	1974
1424	越智重明	魏時代の九品官人法について	1974
1425	越智重明	租税をめぐって	1974
1426	越智重明	家と家人	1975
1427	越智重明	藉と賦	1976
1430	越智重明	漢六朝史の理解をめぐって	1977
1432	越智重明	晋南朝の秀才・孝廉	1979
1434	越智重明	漢時代の賎民、賎人、士伍、商人	
1435	越智重明	北朝の下層身分をめぐって	1980

1440	越智重明	魏晋の客戸について	
1441	越智重明	晋爵と宋爵	1961
1442	越智重明	六朝における喪服制上の二問題	

新49　和文 O-P

1457	岡部利良	支那紡績業に於ける労働請負制度	1941
1458	岡部利良	支那紡績労働請負制度の様式	1941
1459	岡部利良	支那紡績労働請負制度の発達	1941
1460	岡部利良	支那女子紡績労働者創出過程の特質	1942
1461	岡西為人	内野御預地　御薬園旧記について	
1462	岡西為人	太平聖恵方の丹方	1961
1466	岡野昌子	明末播州における楊應龍の乱について	
1467	岡崎敬	日本における初期鉄製品の問題	
1468	岡崎敬	漢代明器泥象にあらわれた水田・水地について	1959
1469	岡崎敬	漢代明器泥象と生活様式	1962
1471	岡崎精郎	ニコライ・A・ネフスキ氏の業績と生涯	1966
1472	岡崎精郎	朝鮮寺調査記	1966
1473	岡崎精郎	大阪と朝鮮	1967
1474	岡崎精郎	タングート慣習法と西夏法典	1968
1475	岡崎精郎	大阪東洋学会より静安学社へ	1979
1477	奥村郁三	唐代裁判手続法	1959
1478	奥村郁三	唐代公廨の法と制度	1963
1479	奥村郁三	断獄律・依告状鞫獄の条について	
1480	奥村郁三	滋賀秀三「中国家族法の原理」	
1481	奥村郁三	戸婚田土の案	1968
1482	奥村哲	恐慌下江浙蠶糸業の再編	1978
1483	奥村哲	恐慌前夜の江浙機械製糸業	1979
1484	奥崎裕司	明代における地主の思想の一考察	1968
1485	奥崎裕司	袁了凡の思想	1967
1488	尾上悦三	中華人民共和国の産業　第1章　農業	
1498	大沼幸之助	総合農場建設経過概要	
1521	尾崎彦朔	アジアにおける経済危機と日本	
	彭徳懐	意見表明（一九五九年）と紅衛兵の彭弾劾文書（上）	

巻50　和文 O-S

453	訳/飯沼二郎・著/ロッシェル　農業経営方式論		1953

1455	小川雄平	後進国国家資本主義と非資本主義の変貌	1974
1476	沖田昌子	安芸台地のスシ	1961
1496	小野一郎・松野周治	大上末廣の略歴と著作も目録について	1977
1519	応地利明	南インドにおけるシコクビエの栽培技術	1979
1540	斉藤彦次郎	西能勢生活実態調査報告その3	
1549	坂出祥伸	明治以後『中国哲学史』研究史年表	1975
1561	桜井由躬雄	19世紀初期ヴェトナム村落内土地占有状況の分析再論	1977
1562	桜井由躬雄	在泰京越南寺院景福寺所蔵漢籍字喃本目録	1979
1563	桜井由躬雄	洪徳均田例に関する史料紹介（2）	1974
1564	桜井由躬雄	19世紀初期ヴェトナム村落内土地占有状況の分析	1976
1565	桜井由躬雄	ヴェトナム中世社数の研究	1975
1572	佐々木秀子	丹後杜氏の実態に就て	1959
1573	佐々木信彰	『毛沢東選集』第5巻についての一考察	1977
1578	里井彦七郎	清代銅・鉛鉱業の発展	1961
1580	佐藤武敏	前漢の穀価	1967
1581	佐藤武敏	中国古代の麻織物生産	1960
1582	佐藤武敏	唐代における絹織物の産地	
1583	佐藤武敏	古代における江淮地方の水利開発	1962
1584	佐藤武敏	漢代における鉄の生産	1964
1585	佐藤武敏	中国古代の絹織物業の経営形態	1960
1586	佐藤武敏	春秋戦国時代の製鉄業	
1587	佐藤武敏	齊量考	
1588	佐藤武敏	漢代の戸口調査	1967
1589	佐藤武敏	殷周時代の水利問題	1971
1621	千田稔	農耕の発生伝播についての景観論的研究	1970
1622	千田稔	華北における先史農業と景観	1975
1627	瀬尾由紀子・本田幸子	山陰におけるちまきとかしわもち	1958
1758	塩尻桂子	一寸そら豆について	1961
1795	菅野省子・高木英子	出雲そば	1961
1813	菅沼正久	社会主義社会の理論的問題	1966
1844	杉野明夫	中国における資本主義経済の消滅	
1845	杉野明夫	中国における都市建設の展開	1974
1855	鈴木茂	日本帝国主義下の中国北部占領地域開発の「総合調整」と北支那開発株式会社	1976

新5 1　和文S　1

38	坂野正高	1848年青浦事件の一考察	1954

39	坂野正高	歴史研究の現状認識	1977
40	坂野正高	黄恵廉とアロー戦争	
42	坂野正高	天津条約（1858年）調印後における清国外政機構の動揺（一）	1957
43	坂野正高	総理衙門の設立過程	1958
44	坂野正高	北京における対露交渉機構の変貌	
45	坂野正高	馬建忠の鉄道論	
46	坂野正高	フランス留学時代の馬建忠	
47	坂野正高	馬建忠の海軍論	1972
1590	佐藤武敏	漢代長安の市	
1591	佐藤武敏	鄭の子産について	1956
1592	佐藤武敏	唐代の市制と行	
1593	佐藤武敏	春秋時代魯国の賦税制改革に関する一考察	
1594	佐藤武敏	唐宋時代における絹織物の規格	1974
1595	佐藤武敏	『中国古農書考』（書評）	

新52　和文S　2

1823	杉野明夫	人民公社の所有制をめぐって	1959
1824	杉野明夫	人民公社についての一考察	1959
1825	杉野明夫	文化大革命前夜の中国農村	1968
1826	杉野明夫	中国農業の機械化問題	1960
1827	杉野明夫	中国国民経済の社会主義的改造	1961
1828	杉野明夫	社会主義社会の過渡的性格	1961
1829	杉野明夫	中国における手工業の協同化	1961
1830	杉野明夫	農村人民公社の工業経営	1962
1831	杉野明夫	農村人民公社の新しい体制整備	1962
1832	杉野明夫	中国の農業協同化展開過程における財政信用政策	
1833	杉野明夫	中国経済、当面する建設上の問題	
1834	杉野明夫	中国における農業協同化の特徴について	
1835	杉野明夫	中国における農業税の形成	
1836	杉野明夫	中国農業における所有制の転化	1961
1837	杉野明夫	朝鮮における農業の社会主義的改造	1963
1838	杉野明夫	人民公社の所有制と分配制	1965
1839	杉野明夫	中国社会主義建設をめぐる二つの道	1967
1840	杉野明夫	中国における工業企業管理の変革	1968
1841	杉野明夫	中国における土地制度改革の展開	1969
1842	杉野明夫	中国農村の教育革命	1969
1843	杉野明夫	文化大革命前夜の社会主義企業	1970

1846	杉野明夫	中国農村における社会主義の再高揚	

新53 和文S 3

1793	末永雅雄	横穴式石室	1960
1794	末次信行	㐂字考	1979
1796	菅野俊作	皇室財産の創設過程	1967
1797	菅野俊作・木下彰	水田単作地帯における農地交換分合	1953
1798	菅野俊作・木下彰	最近に於ける農地移動の動向	
1802	菅野正	義和団事変と日本の与論	1966
1803	菅野正	北京議定書の締結過程	1967
1804	菅野正	義和団事変後の対中国政策	1970
1805	菅野正	民国2年、満州における対日ボイコット	1978
1810	菅沼正久	わが国における中国農業研究	
1811	菅沼正久	中国農業共同化の必然性と特殊性について	
1812	菅沼正久	協同組合における矛盾の理論（上）	
1816	杉本憲司	山東省の一漢代壁画墓について	1970
1817	杉本憲司	漢代の法塼について	1971
1818	杉本憲司	北朝の文化－特に地下出土文物を中心に	1973
1821	杉村勇三	満州文化の追憶	
1822	杉村勇三	芮公紐鐘考	
1847	イー・イー・スミルノフ	封建＝農奴制社会	1935
1852	鈴木俊	唐令の上から見た均田租庸調制の関係について	1956
1853	鈴木俊	戸籍作成の年次と唐令	1957
1854	鈴木俊	唐の戸税と均田制	1955
1856	鈴木俊	唐代租庸調制小考	

巻54 和文S 4

1530	佐伯富	明代の票法	1954
1531	佐伯有一	中国の労働者についての研究ノート	
1532	佐伯有一	中国の労働者についての研究覚書	
1533	佐伯有一	明末織工暴動史料類輯	1962
1534	佐伯有一	手工業の発達	
1535	佐伯有一	中国の歴史学界における資本主義萌芽に関する論叢その後	
1536	佐伯有一	明末の董氏の変	
1538	斉藤秋男	中国革命と"実験区"計画	1975
1542	栄原永遠男	白猪・児嶋屯倉に関する史料的検討	
1543	栄原永遠男	日本古代の遠距離交易について	1976

1546	坂出祥伸	梁啓超の政治思想（承前）	1974
1547	坂出祥伸	魯迅と越社	1953
1548	坂出祥伸	梁啓超の政治思想－日本亡命から革命派との論戦まで	1973
1550	坂出祥伸	沈括の自然観について	1970
1552	阪倉篤秀	明初中書省の変遷	1977
1553	阪倉篤秀	建文帝の政策	1978
1554	阪谷芳直	中江丑吉の遺稿について	1978
1555	佐久間吉也	晋代の塢主	1954
1566	桜井由躬雄	永盛均田例の周辺	1975
1567	桜井由躬雄	永盛均田制の研究	1976
1576	佐竹靖彦	宋代四川夔州路の民族問題と土地所有問題（上）	1967
1579	里井彦七郎	李大釗の出発	1957
1599	沢村東平	李朝末期棉製品輸入の社会経済的条件	1953

巻55　和文S　5

1632	芝田稔	中国新民歌のリズム	1960
1634	斯波義信	宋の力勝税について	1963
1635	斯波義信	宋代商業史研究のための覚書	
1636	斯波義信	宋代運船業の経営構造	1967
1637	斯波義信	宋代運船業の基礎構造	
1638	斯波義信	宋代明州の都市化と地域開発	1969
1639	斯波義信	宋代江南の村市（market）と廟市（fair）（上）	1961
1640	斯波義信	商工業と都市の発展	1970
1641	斯波義信	宋代の幹運・経紀について	1961
1642	斯波義信	南宋米市場の分析	
1643	斯波義信	宋史食貨志訳註　食貨志三　和糴	1960
1644	斯波義信	宋代の製紙業	1966
1645	斯波義信	「新刻客商一覧醒迷天下水陸路程」について	1979
1651	志賀正年	中国現代民歌試探（その1）	1955
1652	志賀正年	魯迅翻訳研究（三）翻訳理論－初期補・中期	1956
1653	志賀正年	魯迅翻訳研究（一）翻歴総説	
1654	志賀正年	魯迅翻訳研究（二）翻訳理論－初期	
1655	滋賀秀三	仁井田陞博士の「中国法制史研究」を読みて	
1656	滋賀秀三	曹魏新率十八篇の篇目について	
1657	重森宣雄	革命根拠地建設についての一試論	1974
1658	重松俊章	大月氏民族史雑考	1953
1659	重田徳	清朝農民支配の歴史的特質	

1660	重田徳	郷紳支配の成立と構造	1971
1661	重田徳	清末における湖南茶の生産構造	1965
1662	重田徳	清初における湖南米市場の一考察	1956
1680	清水誠	P.リクール	
1682	清水盛光	中国郷村の農耕作業に現はれたる通力合作の形式	1948
1789	周藤吉之	南宋稲作の地域性	1961
1790	周藤吉之	宋代佃戸の劄佃制	

巻56　和文S　6

1664	島田虔次	章炳麟について（上）	1958
1665	島田虔次	章炳麟について（下）	1958
1666	島田虔次	異人・鄧豁渠・略伝	1968
1667	島田虔次	中国のルソー	1960
1669	島一郎	1918～25年における中国労働運動の発展（一）	1965
1670	島一郎	中国における羊毛工業の沿革	1967
1671	島一郎	中国民族工業の再生産構造	1968
1672	島一郎	中国における民族綿工業の発展と衰退	1966
1673	島一郎	1918～25年における中国労働運動の発展（二）	1965
1678	島一郎	上妻隆栄著『中国市場の構造的変革』	1965
1687	篠田統	寝屋川の舟運	1970
1690	篠田統	池田酒造史	
1691	篠田統	食品の調理と料理	
1692	篠田統	日本酒の源流	1967
1693	篠田統	日本酒の系統	1968
1707	篠田統	素人食物史学論	1974
1710	篠田統	『日新雑誌』	1971
1760	白川静	書評　郭抹若氏「十批判書」	1953
1761	白川静	西周期における東南地域の政治と文学	1953
1762	白川静	胡厚宣氏の商史研究　上	1953
1763	白川静	胡厚宣氏の商史研究　下	1953
1764	白川静	小臣考　上	1955
1765	白川静	小臣考　下	1955
1766	白川静	詩経に見える農事詩（上）	1956
1767	白川静	詩経に見える農事詩（下）	1956
1768	白川静	殷の族形態	1950
1769	白川静	衣祀考	1950
1770	白川静	詩経学の成立（四）	1950

1771	白川静	詩経学の成立（五）	1951
1772	白川静	書評 貝塚茂樹氏著「孔子」	1951
1773	白川静	令彝について	1951
1785	曽我部静雄	東晋の課役制度	1960
1786	曽我部静雄	両税法と戸税・地税の無関係を論ず	1959
1787	曽我部静雄	いわゆる均田法における永業田について	

新57　和文S　7

48	坂野正高	黄中畲（張胗雲）とアロー号戦争	1962
1603	関野雄	新末耗考	1959
1604	関野雄	布銭の出土地と出土状態について	1958
1605	関野雄	殷王朝の生産的基盤	1954
1606	関野雄	先秦貨幣雑考	1962
1607	関野雄	金餅考	1971
1608	関野雄	刀銭考	1965
1609	関野雄	盧氏涅金考	1961
1610	関野雄	龍山文化の解明	1961
1611	関野雄	張衡の候風地動儀における都柱の復原	1972
1612	関野雄	釿字考	1965
1617	関屋牧	蜎蟲記	
1619	千田稔	ミヤケの地理的実体	1975
1620	千田稔	古代港津の歴史地理学的考察	1970
欠票	関野雄	新末耗考余論	

巻58　和文S　8

1674	島一郎	世界恐慌と中国製糸工業	1973
1675	島一郎	近代中国の製粉工場と市場問題	1977
1676	島一郎	中国民族工業に対する「統税」の重圧	1966
1677	島一郎	中国における原料作物の生産・流通と民族軽工業	1974
1688	篠田統	河内風俗聞書2	1968
1689	篠田統	短大二十年	1968
1695	篠田統	その一　西能勢概況	
1696	篠田統	美作国新庄村	1960
1697	篠田統	新おあむ物語	1960
1698	篠田有策	新おあむ物語蛇足	1961
1700	篠田統	伊那の春	1963
1701	篠田統	彦根市松原町生活実体調査報（第一報）	1952

1704	篠田統	播州宍粟郡繁盛村民俗志	1957
1705	篠田統	士族屋敷	1958
1708	篠田統	手醸りから杜氏集団へ	1955
1709	篠田統	藩政末期における或る山村の生活	1955
1711	篠田統	近畿の斜陽杜氏集団	1959
1712	篠田統	推理小説とアメリカン・ライフ	1963
1713	篠田統	民衆生活ノート (21)	1976
1714	篠田統	民衆生活ノート (18)	1975
1715	篠田統	民衆生活ノート (17)	1975
1716	篠田統	民衆生活ノート (16)	1974
1717	篠田統	民衆生活ノート (15)	1974
1718	篠田統	民衆生活ノート (13)	1974
1719	篠田統	民衆生活ノート (7)	1972
1720	篠田統	民衆生活ノート (14)	1973
欠票	篠田統	民衆生活ノート (12)	
1721	篠田統	民衆生活ノート (10)	1973
1722	篠田統	民衆生活ノート (11)	1973
1723	篠田統	民衆生活ノート (8)	1972
1724	篠田統	民衆生活ノート (7) 複	1972
1725	篠田統	民衆生活ノート (3)	1971
1726	篠田統	民衆生活ノート (2)	1971
1727	篠田統	民衆生活ノート (1)	1971
1728	篠田統	鮓考 その10 鮓年表 その2 日本の部	1961
1729	篠田統	鮓考 その9 鮓年表 シナの部	1957
1730	篠田統・飯田喜代子	鮓考 その8 四国の鮓	1955
1731	篠田統	鮓考 その7 東海・関東の鮓	1954
1732	篠田統・飯田喜代子	鮓考 その6 近畿・中国の鮓	1954
1733	篠田統・飯田喜代子	鮓考 その5 大阪鮓	1953
1734	篠田統・飯田喜代子	鮓考 その4 北陸の鮓	1953
1735	篠田統	鮓考 その3 紀伊・南大和の鮓	1953
1736	篠田統	鮓考 その2 近江の鮓	
1737	篠田統	鮓考 その1 中国に於ける鮓の変遷	
1755	篠田統	車窓から見た近ごろの衣生活	1962

巻59 和文S 9

1539	斉藤秋男・小林文男	中国社会主義教育の内部矛盾と農業中学	1962
1544	栄原永遠男	鋳銭司の変遷とその立地	1977

1545	栄原永遠男	奉写一切経所の写経事業	1977
1551	坂出祥伸	中国科学社の成立について	1974
1556	佐久間吉也	中国北朝の水旱災と応急対策	1965
1557	佐久間吉也	晋代の水利について	1964
1558	佐久間吉也	魏晋時代の人質について	1957
1559	佐久間吉也	曹魏時代の灌漑について	
1568	桜井由躬雄	雑田問題の整理	1979
1569	桜井由躬雄	嘉隆均田例の分析	1977
1570	桜井由躬雄	黎朝下ヴェトナム村落における漂散農民の分析（1）下	1978
1571	桜井由躬雄	黎朝下ヴェトナム村落における漂散農民の分析（1）上	1978
1575	笹崎龍雄	中国の畜産事情（1）（2）（3）	1978
1597	佐藤武敏	中国古代の麻織物生産	1959
1598	佐藤武敏	中国仰韶出土の籾	1970
1613	関野雄	夏鼐「中国考古学の現状」	
1615	関野雄	中国の博物館	1958
1618	千田英二	畑作経営における酪農技術の構造	
1624	千田稔	奈良盆地弥生式遺跡における花粉分析学的考察	1971
1625	千田稔	イングランド南部の鉄器時代における都市的集落の発生、分布およびその領域について	1977
1626	千田英二・吉岡功	養豚経営の生産構造について	
1631	芝池靖夫	「定息」の本質について	
1681	志水紀代子	カントの道徳的目的論（一）	1976
1683	清水盛光	集団の本質とその属性	1959
1685	下田博之ほか	南西諸島の在来犂に関する調査研究	1979
*1632	芝池靖夫	工業生産力の発展と基本的条件	1965
1740	篠田統	家庭科における「社会的」なるもの	1961

新60　和文S　10

1739	篠田統	粉食の展開	1963
1741	篠田統	醒風七月の舞台	1965
1743	篠田統	家庭科における「歴史的」なるもの	1960
1744	篠田統	奥能勢の酒造史資料	1960
1745	篠田統	小豆雑煮	1953
1746	篠田統	藩政末期に於けるある山村の生活	1955
1747	篠田統	明治維新が家族制度に及ぼした影響	1953
1748	篠田統	飲膳正要について	
1749	篠田統	宋元酒造史	

1750	篠田統	釣瓶鮓縁起	1959
1751	篠田統・飯田喜代子	続小豆雑煮	1958
1752	篠田統・飯田喜代子	鮓と米	1956
1753	篠田統	満州長嶺ペスト地帯の生態学的観察	1954
1754	篠田統	「山内者」の生活	1962
1756	篠田統	暖気樽小考	1963
1757	篠田統	近世末期江州野州郡における酒造業とその技術	1957
1781	副島圓照	「満州国」による中国海関の接収	1979
1782	副島圓照	日本紡績業と中国市場	1972
1788	曽我部静雄	中国における銭貨の起源	
1799	菅野俊作・東海林仲之助	牧野の利用組織とその変遷	1960
1800	菅野俊作ほか	鬼首村の牧野利用に関する調査	1957
1801	菅野俊作	煙山村調査報告（3）	1953
1814	菅沼正久	中国における社会主義農業金融の展開	
1815	菅沼正久	中国・初級農業生産合作社の「土地報酬」論争	
1857	鈴木俊	青苗銭と夏税・秋税	

巻61　和文S　11

1541	斉藤道彦訳	毛沢東　民衆の大連合	
1574	笹倉正夫	中共の東北鉱工業復興の回顧	
1596	佐藤武敏	先秦時代の関と関税	
1616	関野雄	東アジア	1962
1623	千田稔	古代大和国の郡家と交通路	1971
1646	斯波義信	（批評）G・ウィリアム・スキナー著「中国農村社会における市場・社会構造」I・II・III部	
1668	島田虔次	明代思想の一基調―スケッチ	1964
1684	清水盛光	我等意識と集団	1958
1742	篠田統	慶応三年鹿児島日記	1976
1774	白川静	釈南	1954
1775	白川静	殷代の殉葬と奴隷制	1954
1791	周藤吉之	南宋に於ける麦作の奨励と二毛作（1）	1955
1792	周藤吉之	南宋に於ける麦作の奨励と二毛作（2）	1956
1806	菅野正	一九五〇年、中国における対日ボイコット（上）	1976
1807	菅野正	一九五〇年、中国における対日ボイコット（下）	1976
1808	菅野正	安奉線問題をめぐる対日ボイコットの一考察	1977
1809	菅野正	一九十〇年長沙米騒動について	1977
1819	杉本憲司	中国古代の木材について	1974

1820	杉村壮三	世界史教育の問題点	1966

新62　和文Ⅰ　1

97	千葉徳爾	馬鈴薯雑考	1973
98	千葉徳爾	中国中南部の土壌侵蝕と農耕文化	1973
99	千葉徳爾	明代文献に現れた中国のトウモロコシ（一）	1968
100	千葉徳爾	明代文献に現れた中国のトウモロコシ（二）	1969
1935	寺田隆信	明清時代における商品生産の展開	1971
1936	寺地遵	中国における農業観の歴史的変遷	1966
1937	寺廣映雄	文化大革命下の中国を訪れて	1967
1938	寺廣映雄	留仏勤工儉学運動について	1974
1943	手島正毅・中峯照悦	広島県における鋼造船業と下請工業	
1944	手島正毅	仁方ヤスリ工業の諸問題	
1948	手島正毅	資本主義と社会主義の経済政策	
1954	津久井弘光	絲廠襲撃事件をめぐって	1959
1955	津久井弘光	十九世紀前半の中英棉糸貿易について	1962
1956	鶴見尚弘	清初蘇州府の魚鱗冊に関する一考察	1969
1957	鶴見尚弘	康熙十五年丈量、蘇州府長洲県魚鱗図冊の田土統計的考察	1976
1958	鶴見尚弘	旧中国における共同体の諸問題	1975
1960	鶴嶋雪嶺	中国延辺地区の朝鮮人	
1963	D・トキチェット	唐末の藩鎮と中央財政	

巻63　和文Ⅰ　2

1861	多田狷介	漢代の地方商業について	1965
1862	多田狷介	黄巾の乱前史	1968
1863	多田狷介	中国古代史研究覚書	1971
1864	多田狷介	回顧と展望（戦国・秦漢）第77編	
*1864	多田狷介	漢代の豪族	1966
1873	高橋盛孝	タタラ考原	1960
1877	田村専之助	中国蚕桑気象学史序説	1963
1884	田村実造	丘濬と大学衍義補	1962
1885	田村実造	アメリカにおける東洋史学研究の一動向	
1886	田村実造	均田法の系譜	1962
1887	田村実造	明朝の官俸と銀の問題	1972
1888	田村実造	京都大学停年退官最終講義	1968
1891	田中裕	領主的囲込の展開と農民問題（一）	1957
1892	田中裕	領主的囲込の展開と農民問題（二）	1957

1899	田中正俊	中国の変革と封建制研究の課題（一）	1972
1900	田中正俊	明末清初江南農村手工業に関する一考察	
1901	田中正俊	中国社会の解体とアヘン戦争	1971
1902	田中正俊	東洋文庫所蔵モリソン＝パンフレットについて	1972
1903	田中正俊	『禹域通纂』と『西行日記』	
1906	田中嗣人	『上宮聖徳法王帝説』管見	1974
1911	谷口規矩雄	明代華北における銀差成立の一研究	
1912	谷口規矩雄	明代中期荊襄地帯農民反乱の一面	1965
1913	谷口規矩雄	明代の農民反乱	
1914	谷口規矩雄	1976年「成果と課題」（明・清）	1977
1915	谷口規矩雄	于成龍の保甲法について	1975
1916	谷口規矩雄	陳友諒の末裔について	
1917	谷口義介	築山治三郎著「唐代政治制度の研究」	1967
1918	谷口義介	周の始祖神話の成立と変質	1973
1919	谷口義介	杜伯幽鬼の物語	1976
1920	谷口義介	豳風七月の社会	1979
1922	谷光隆	明代茶馬貿易の研究－茶法を中心として（上）	1966
1923	谷光隆	明代茶馬貿易の研究－茶法を中心として（下）	1966
1924	谷光隆	明代馬政の一考察（上）	1970
1925	谷光隆	明代茶馬貿易の研究－虜寇を中心として	1968
1926	谷光隆	明代の勲臣に関する一考察	1970
1927	田野倉光男	古代中国の江南地方における農業についての若干の考察	1972

巻64　和文 T-W

1894	田中方男	萩藩藩政村の一特殊産業に関する考察	1968
1895	田中方男	漁村余剰労働力の消化形態に関する一報告	1965
1897	田中正俊・鶴見尚弘	竜骨車と農民	1979
1909	田中睦子	西能勢村生活実体調査報告　その4	
1931	田尻利	19世紀後半期の江蘇における蚕桑奨励政策に関する一考察（下）	1974
1932	田尻利	19世紀後半期の江蘇における蚕桑奨励政策に関する一考察	1979
1933	田尻利	清代江西における藍作の展開（上）（下）	1973
1946	手島正毅	備後地方における綿織物マニュファクチュアの歴史	
1947	手島正毅	備後地方における綿織物マニュファクチュアの歴史	1960
1953	鳥居久靖	中国の大学教育	1966
1959	筑紫三郎	「中国国民経済の社会主義的改造」を読んで	1962
1962	辻文男	京都市南西部低地における宅地化と洪水問題	1968
1970	内田吟風	古代遊牧民族の農耕国家浸入の真因	1954

1982	宇田正	鉄道国有化の経営史・序説	1976
1983	宇田正	明治前期東北幹線鉄道建設計画と地方事情	1969
	宇野惇	インド論理学に於ける限定詞の用法	1960
2035	和田祐一	クレオル考	1973
2079	渡部忠世	タイにおける「モチ稲栽培圏」の成立	1970
2080	渡部忠世・佐々木高明	稲作の起源とその展開をめぐって	1974
2087	渡辺龍策	開灤炭鉱をめぐる諸問題	1960
2088	渡辺龍策	中国軍閥に関する一考察	1961
2089	渡辺龍策	中国経済史資料の再検討問題	1963
2090	渡辺龍策	中国の初期近代企業形態の特質	1962
2091	渡辺龍策	近代中国における官僚資本独裁権力の萌芽	1960
2092	渡辺龍策	呉玉章の「辛亥革命論」	1963

巻65　和文 T-Y　1

101	千葉徳爾	中国におけるトウモロコシの導入とその地理的意義	1970
102	千葉徳爾	華南山岳地帯の焼畑耕作	1967
103	千葉徳爾	シナ嶺南地方の風土病「瘴癘」の地理学的考察	1967
1858	田部昇	インドにおける混合経済の再評価	
1859	田部三郎	製鉄原料の問題点を語る	
1870	田島俊雄	山区における農業の機械化	1977
1872	高浜介二	中国の規律教育について	1956
1876	多田狷介	「後漢ないし魏晋以降中国中世」説をめぐって	1975
1878	田村専之助	上代日本人の生物学上の二三の認識について	
1879	田村専之助	奈良朝人の自然観と季節、気象観	1976
1880	田村専之助	朝鮮の気象学（3）	1969
1881	田村専之助	朝鮮の気象学（2）	1969
1882	田村専之助	朝鮮の気象学（1）	1967
1883	田村専之助	日本暦法史のあけぼの	1969
1908	田中嗣人	八世紀前半に於ける聖徳太子信仰の実態	1977
1910	谷川道雄	北魏官界における門閥主義と賢才主義	1959
1928	田島俊雄	中国農業の多角経営に関する論説	1978
1930	田島俊雄	河北省 遵化県 化山『靠"窮捧子"精神辨農業機械化』より	1978
1939	寺広映雄	越南初期民族運動をめぐる日本と中国	1967
1940	寺広映雄	辛亥革命と北方の動向	1960
1941	寺広映雄	辛亥革命と西南辺境の動向	1964
1942	寺広映雄	張謇と辛亥革命	1971
1952	藤間生大	大和国家の機構	

1984	宇田正	日本・オーストラリア両国間羊毛取引関係の形成と展開	1976
1995	植松正	阿里海牙一族と潭州	1980
2009	海野一隆	清代大運河漕運の地域的考察	1955
2014	宇都宮清吉	管子弟子職篇によせて	1963
2015	宇都宮清吉	顔氏家訓解題	1968
2016	宇都宮清吉	僮約研究	1953
2017	宇都宮清吉	劉秀と南陽	1954
2032	浦口健二	黄変米の実験	1963
欠番	游中勲	華僑経済の商品経済的特徴	

巻66　和文 T-Y　2

1865	多田狷介	魏晋政権と山川の祭祀	
1866	多田狷介	後漢後期の政局をめぐって	1970
1874	竹島淳夫	唐中期における密教興隆の社会的基盤	1963
1876	玉置哲郎	中山道の特殊性	1954
1889	田村実造	北アジア世界における国家の類型	1956
1890	田村実造	東アジアの民族移動	1968
1893	田中裕	転換期における慣習の役割	1956
1905	田中淡	重源と大仏再建	
1929	田島俊雄	王永厚「日本における斉民要術」	1979
1996	上村六郎	支那古代の製紙原料	
1997	上村祥二	革命的サンディカリスムの生成	1973
欠番	米田賢次郎	漢代田租査定法管見	1967
欠番	吉田寅	『熬波図』考（1）（2）（3）	1977
2054	呉玉章	辛亥革命	1956
2067	渡部武	『四民月令』訳注稿	1977
2068	渡部武	中国古歳時記の研究その二「四時纂要」訳注稿（2）	1980
2069	渡部武	漢代画象の世界（三）	1980
2115	薮内清	中世科学技術史序説	1962
2129	山田勝芳	漢代財政制度変革の経済的要因について	1974
2163	山名正孝	新中国における紡織工業の発展状況	1956
2164	山名正孝	新中国における綿花増産の問題	1966
2165	山名正孝	中国紡織工業の生産水準	1967
2172	山下竜三	中国国民経済の成長率	1960
欠番	吉田浤一	半植民地中国における農民層分解についての覚書	
欠番	吉岡義信	北宋初期における南人官僚の進出	
欠番	吉岡義信	宋初における黄河治水機構	1968

欠番	好並隆司	通済堰水利機構の検討	1962
欠番	好並隆司	西漢元帝期前後に於ける藪沢・公田と史治	1964

巻67　和文U　1

1985	上田藤十郎	入交好脩編著「清良記―親民鑑月集」を読んで	
1986	植松正	彙輯「至元新格」並びに解説	1972
1987	植松正	元代條画考（一）	1978
1988	植松正	元代條画考（二）	1979
1989	植松正	元代條画考（三）	1979
1990	植松正	元代條画考（四）	1980
1991	植松正	元代條画考（五）	1980
1992	植松正	元代江南における徴税体制	1974
1993	植松正	元代の條画をめぐる滋賀秀三氏との意見の交換と展望	1980
1998	上横手雅敬	春日社記録 日記	1955
1999	梅川勉	林業における資本主義的発展	
2000	梅川勉	林業における労働過程の発展と生産関係	
2001	梅川勉	資本主義及び社会主義における農工業発展の関係	1959
2002	梅渓昇	軍人勅諭の成立と西周の憲法草案（一）	1955
2003	梅渓昇	軍人勅諭の成立と西周の憲法草案（二）	1955
2004	梅渓昇	軍人勅諭の成立と西周の憲法草案（三）	1955
2005	梅渓昇	幕末但馬における地主生活の一面	1952
2006	梅渓昇	明治新制軍隊の建設当初におけるフランス主義の採用とジュブスケの貢献	
2007	梅渓昇	教育勅語成立の歴史的背景	
2008	海野一隆	朝鮮李朝時代に流行した地図帳	1978

新68　和文U　2

1968	内田吟風	魏書刑罰志缺葉考	1960
1969	内田吟風	北魏封邑制度考	1956
1972	内田直作	東洋におけるイギリス資本主義の近代的性格	1953
1973	内田智雄	華北農村家族に於ける祖先祭祀の意義	
1974	内田智雄	中国農村における土地の『先買権』について（下）	1952
1975	内田智雄	中国農村における土地の『先買権』について（上）	1951
1976	内田智雄	中国農村家族における分家・事由の一考察	1951
1977	内田智雄	中国農村における結婚と世代の問題（下）	
1978	内田智雄	中国農村における結婚と世代の問題（上）	
1979	内田智雄	中国の下級裁判所に就て	

1980	内山雅生	華北農村社会研究の成果と課題	1977
1981	内山雅生	近代中国における地主制	1976
2011	宇都木章	宗族制と邑制	1962
2012	宇都宮清吉	漢代豪族論	1962
2013	宇都宮清吉	詩経国風の農民詩	1972
2018	宇都宮徳馬	東京大学五月祭における講演	1966
2019	宇都宮徳馬	ベトナム戦争と日本	1967
2020	宇都宮徳馬	日本外交の周辺	1970
2021	宇都宮徳馬	議会制民主主義のあるべき姿	1967
2022	宇都宮徳馬	カンダ・バーバラ会議の終会レセプションに於ける演説	1969
2023	宇都宮徳馬	日中関係の将来	1971
2024	宇都宮徳馬	日本の政治と外交	1969
2025	宇都宮徳馬	中国問題概観	1968
2026	宇都宮徳馬	反共イデオロギー外交を排す	1966
2027	宇都宮徳馬	私の中国観	1965
2028	宇都宮徳馬	現下の中国と日本外交	1967
2029	宇都宮徳馬	東西・南北問題の接点アジア	1965
2030	宇都宮徳馬	文化大革命の本質を語る	1967
2031	宇都宮徳馬	再度日韓大陸棚協定を批判する	1977

巻69　和文Y　1

2127	山田慶児	伝統的哲学の思考法	1979
2131	山田統	竹書紀年の後代性	1960
2137	山本秀夫	中国経済発展における「農業基礎」理論の意義	1962
2138	山本秀夫	中国における農業生産力構造の問題	1966
2139	山本秀夫	中国農業における集団化と機械化	1968
2140	山本秀夫	毛沢東の初期革命思想と農民運動	1968
2141	山本秀夫	中国農業開発と毛沢東哲学	1966
2142	山本秀夫	中国土地改革の基礎路線	1970
2143	山本秀夫	許滌新著『官僚資本論』における橘樸批判について	1976
2144	山本秀夫	中国の農業革命	1972
2145	山本秀夫	中国農業「後進性」の生産力的性格	1964
2146	山本秀夫	中国農業集団化過程の分析	1958
2147	山本秀夫	中国における農業協同化展開の論理	1956
2148	山本秀夫	人民公社化の過程とその所有制の問題	1959
2149	山本秀夫	人民公社の発展構造	1960
2155	山本幹雄	アメリカ旧南部における非奴隷所有農民（上）	1955

2156	山本幹雄	アメリカ旧南部における非奴隷所有農民（下）	1955
2174	山内一男	社会主義経済発展の法則的理解について	1962
2175	山内一男	社会主義のもとでの商品生産	1962
2176	山内一男	中国社会主義革命におけるコミューン	1969
2177	山内一男	中国社会主義における「分業の廃棄」基調論文及び討論	1977
2179	山内正博	南宋の課子	
2180	山内正博	武将対策の一環として観たる張浚の富平出兵策	
2181	山内正博	冊府元亀と宋会要	1968
欠票	岡崎精郎	京都大学文学部刊　明代満蒙史料	

巻70　和文Y　2

2102	藪内清	中国天文学の発達とその限界	
2103	藪内清	飛鳥奈良時代の自然科学	
2104	藪内清	天理図書館所蔵の天球儀	1965
2105	藪内清	法顕伝載在考	1962
2106	藪内清	陽明学と明代の科学	1971
2108	藪内清	江戸時代における仏説天文学の提唱	1965
2109	藪内清	枚岡の水車工場	1967
2110	藪内清	中国古代の銅と鉄	1971
2111	藪内清	李朝学者の地転説	1968
2158	山名弘史	清末江蘇省の義倉	1959
2159	山名正孝	中国における紡織工業の発展について	1952
2160	山名正孝	中国における政治と経済	1952
2161	山名正孝	中国における経済計算の実質	
2163	山根幸夫	上海自然科学研究所について	1956
2167	山根幸夫	明清時代華北市集の牙行	1978
2169	山瀬善一	中世の国際金融とテンプル騎士団	1961
2186	柳田節子	宋代の客戸について	
2187	柳田節子	宋代郷村の下等戸について	1967
2188	柳田節子	宋代土地所有制にみられる二つの型	1963
2189	柳田節子	宋代の丁税	1961
2190	柳田節子	宋代の養蚕農家経営	
2191	柳田節子	宋代国家権力と農村秩序	
2214	横山英	清代における踹布業の経営形態（下）	1961
2215	横山英	新中国から見た日本の国歌権力	1960
2216	横山英	清代における包頭制の展開（1）（2）	
2218	横山英	清代における踹布業の経営形態（上）	

2219	横山英	清朝中期における抗糧運動	1960
2220	横山英	清末の変革における指導と同盟	1966
2221	横山英	辛亥ブルジョワ革命説の系譜（上）（下）	1971
2222	横山英	清代都市絹織物業の生産形態　上・下	1968
2223	横山英	中国民族工業資本と銭庄との関係について	
2225	横山英	中国史における変革期のみかた（近代）	1964
2226	横山英	咸豊期山東の抗糧風潮と民団	1964
223?	吉田浤一	書評　里井彦七郎『近代中国における民衆運動とその思想』	

巻71　和文Y　3

2130	山田憲太郎	中国の安息香と西洋のベンゾインとの源流	1951
2157	山本恒人	中国大躍進期における賃金	1978
2162	山名正孝	中国における「労働蓄積」論について	1966
2170	山瀬善一	中世の南西フランスにおけるユダヤ人とイタリア人	1960
2171	山瀬善一	フランス中世のブドー酒とその商業	1960
2184	山崎勇治	1920年代前半におけるイギリス石炭業の「国有化」問題	1973
2185	山崎勇治	1920年代後半におけるイギリス石炭業の「独占的再編成」	1973
2213	横山英	清代江西省における運輸業の機構	1960
2217	横山英	中国に於ける農民運動の一形態	1955
2224	横山英	五四文化運動前夜の復古的イデオロギー	1968
*2223	米田伸次	中国の歴史教科書にあらわれた人物像	1966
欠番	訳/米田伸次・著/范輝通	1954年ベトナム北部の平和回復以来のベトナム民主共和国における普通教育の発展	1966
*2228	米沢秀夫	中国における差額土地収益とその分配問題	1966
欠番	吉田光邦	南海古俗号	1963
欠番	吉田光邦	イランの食生活	1957
欠票	游仲勲	華僑社会の階級構成（1）	
欠票	游仲勲	現代後進諸国の官僚資本主義について	

巻72　和文Y　4

2033	和田滋穂	アジア稲作地域における在来揚水器の類縁関係について	1955
2036	和田滋穂	待機度と頻度	1959
2075	渡部忠世	清代の水稲早期栽培	1958
2076	渡部忠世	アッサムの稲	1976
2081	渡辺信夫	熊代幸雄先生の学風とその業績	1979
2082	渡辺信夫	中国農業の最近の新しい動き	1975
2086	渡辺信一郎	中国における律令制と社会構成	1978

2093	渡辺正 ほか	ニンニク有効成分の研究	1963
2094	渡辺正 ほか	ニンニク有効成分の研究 第2報	1964
2095	渡辺正	大蒜（にんにく）考 その2	1962
2096	渡辺正	アリウム属植物周辺の散歩（1）（2）	1964
2097	渡辺正	大蒜（にんにく）考	1961
2098	渡辺正	ニンニクの話	
2107	藪内清	展望 中国天文学史	1971
2112	藪内清	ヨーロッパ・中近東の旅から	1960
2114	藪内清	アメリカの3週間	1962
2117	藪内清	イスラムの天文台と観測器械	
2120	藪内清	近世中国に伝えられた西洋天文学	
2121	藪内清	壁画古墳の星図	1975
2123	藪内清	宋元時代の数学	
2124	藪内清	宋元時代の天文学	
2125	藪内清	宋元時代における科学技術の展開	
2126	藪内清	淳祐天文図とヘベリウス星図	1976
2132	山岸猛・並木頼寿	60年代中期における農業機械化運動についての一考察	1979
2133	山口博一	インドにおけるビジネスコミュニティの諸問題	
2134	山口博一	「中国統一化」論争と大上末広	1971
2136	山口慎一	中国の新略字	1957
2150	山本秀夫	蕭作梁著『中国土地革命、1930-1934 一文献的研究』	1969
2151	山本秀夫	支那研究資料	1971
2152	山本秀夫	彭湃と農民革命運動	1968
2153	山本秀夫	「支那研究資料」解題	1971
2173	山下竜三	中国経済におけるいくつかの問題	
2178	山内一男	中国社会主義における「分業の廃棄」	1971
2182	山内正博	折帛銭の創設に関する私見	1974
2183	山内正博	建炎以来繁年要録注拠引篇目索引控	1967
2192	柳沢雅一	パキスタンの経済開発計画について	
2201	楊天溢	中国における企業者活動	1968
2208	安江安宣	コクゾウムシの歴史	1976
2235	吉田光邦	生活と技術	1962
2237	姚監復	農業機械化に関する技術経済的研究に取り組もう	1979
欠番	吉田浤一	20世紀前半中国の山東省における葉煙草栽培について	1977
欠番	吉田光邦	明治後期技術史の諸問題	1966
欠番	吉田光邦	明治の科学者たち	1967
欠番	吉田光邦	明治期の兵器工場	1968

欠番	吉田光邦	イスラム陶おぼえがき	
欠番	吉岡義信	宋初における黄河治水機構	
欠番	吉岡義信	宋代の湖田	1956
欠番	吉岡義信	宋代水則考	1964
欠番	好並隆司	西漢皇帝支配の性格と変遷	

巻 7 3 和文 Y-Z

598	城野宏	中国における哲学の大衆化 (上)	
599	城野宏	中国における哲学の大衆化 (下)	
600	城野宏	中国の実情について	1965
2034	和田祐一	磁気録音機利用の一方法	1959
2209	安江安宣	東洋における害虫防除に関する古記録 (抄)	
2211	安井正幸	中国農業技術代表団歓迎委員会の活動の総括	1966
2212	訳/横山英・著/Karl A. Wittfogel	中国社会論－歴史的考察	1959
2227	米田賢次郎	華北乾地農法と一荘園像	
2228	米田賢次郎	前漢の匈奴対策に関する二三の問題	1959
欠番	米田賢次郎	趙過の代田法	
欠番	米田賢次郎	呂氏春秋の農業技術に関する一考察	1972
欠番	米田賢次郎	華北乾地農法よりみた北魏均田規定の一解釈	1979
欠番	米田賢次郎	耦耕芻言	
欠番	米田伸次	プロレタリア文化大革命と教育改革	1969
欠番	米田伸次	国際理解教育の実際	1967
欠番	吉田浤一	半植民地中国における農民層分解についての覚書	
欠番	吉田浤一	20世紀前半中国の山東省における葉煙草栽培について	1977
欠番	游仲勲	H・A・シモーニャ「東南アジア諸国の華僑」	1965
欠番	游仲勲	華僑所得の推定	1972
欠番	日本中国友好協会	第三次五ヵ年計画を迎えた中国	1966
欠番	吉岡義信	宋代の勧農使について	
欠番	吉岡義信	宋代の都水監について	
欠番	吉岡義信	宋代の都水監官僚について	
欠番	好並隆司	前漢後半期における皇帝支配と官僚層の動向	
欠番	好並隆司	漢代下層庶人の存在形態 (1) (2)	1973
欠番	好並隆司	西漢皇帝支配の性格と変遷	
2239	鄭振鐸	新建設に伴う考古学上の発見	

巻74　漢文 C-T

59 曾庸	漢代的鉄製工具	1959
80 陳橋駅	古代鑒湖興廢与山会平原農田水利	1962
81 陳良佐	我国籌算中的空位－零－及其相関的一些問題	1977
93 陳夢家	商殷与夏周的年代問題	1955
96 陳祚龍	藏密微傳：法国最高教研統領	
108 丁穎	江漢平原新石器時代紅焼土中的稲穀殻考査	1959
109 丁穎	水稲品種与日長等環境条件的生態関係	1962
111 丁雲青	太平天国太陽河碼頭渡船規条碑跋	1956
114 鄧拓	従萬暦到乾隆	1956
115 董愷忱	従西欧近代農書看農業的近代化	1979
116 董愷忱	試論月令体裁的中国農書	1979
117 東平	祖国的大豆	
118 王金陵	大豆的進化与其分類栽培及育種的関係	
*118 王明倫	鴉片戦争前雲南銅鉱業中的資本主義萌芽	
119 杜真	関于中国資本主義萌芽問題的討論	1956
148 方壯猷	戦国以来中国歩犁発展問題試探	
149 陝西省博物館	陝西省発現的漢代鉄鏵和鐴土	1966
150 方平	曹雪芹与莎士比亜	
235 傅衣凌	明代後期江南城鎮下層士民的反封建運動	
278 谷為進	我国歷史上耕作制度的変革	1976
305 韓大成	対黎澍同志"関于中国資本主義萌芽問題的考察"一文的几点意見	1956
431 黄子通・夏甄陶	春秋戦国時代的奴隷制	1956
432 胡道静	夢渓筆談－在国外	1979
434 胡厚宜	説貴田	1957
436 胡厚宜	釈殷代求年於四方和四方風的祭祀	1956
572 伊藤秀一	関于近代日本和中国接受西方進化論及其発展	1965
597 蔣英	対《東亜植物学文献》附録中"中国古代文献"部分的訂正	1977
691 田継周	明代後期一条鞭法的研究	
739 北村四郎・上野實明	牡丹与芍薬	1964
880 李学勤・楊超	従学術源流方面評楊栄国著"中国古代思想史"	1956
882 柳子明	長沙馬王堆漢墓出土的栽培植物歷史考証	
1525 冉昭徳	試論商鞅変法的特質	1957
1529 斯維至	関于殷周土地所有制的問題	1956
1629 尚鉞	先秦生産形態之探討	1956
1630 邵後全・李長森・巴桑次仁	栽培大麦的起源与進化	1975
1647 石璋如	関中考古調査報告	1956

1648 石璋如	華北石窟的時代性和地域性	1958
1649 石璋如	雲南花寧盔鬻村的窨業	1955
1650 石璋如	殷代頭飾挙例	1957
1777 束世徵	夏代和商代的奴隷制	1956
1851 農也	十九世紀後半中国農業生産的商品化（続）	1956
1949 田継周	明代後期一条鞭法的研究	1956
欠票 日知	中国古代史分期問題的関鍵何在？	1957
欠票 郭沫若	関于古文字研究給容庚的信	1978
欠票 容庚	憶出郭沫若同志	1978
欠票 曾憲通・陳煒湛	試論郭沫若同志的早期古文字研究	1978
欠票 西山武一	亜州特別是中国的農業与農業社会的特徴	1964
欠票 劉啓益	略談卜字中"武丁諸父之称謂"及"殷代継承法"	1956
欠票 金善宝	淮北平原的新石器時代小麦	1962

巻75　漢文C-Z

53 朴斉家	北学議	1971
65 張勝彦	明太祖時代遼東之主権的確立与治略	1976
70 張蔵	国立故宮博物院所蔵的満文資料簡介	
82 陳良佐	我国水稻栽培的幾項技術之発展及其重要性	1978
83 陳良佐	我国内地棉花的推広和栽培法	1978
85 陳良佐	我国歴代農田施用之泥肥	1974
86 陳良佐	我国歴代農田施用之緑肥	1973
87 陳良佐	我国歴代農田施用之堆厩肥	
88 陳良佐	我国歴代農田之施肥法	
94 陳祚龍	敦煌写本「讃普満偈」之研鑽	1967
95 陳祚龍	白楽日評伝	1968
欠番 馬泰来	『明人伝記資料索引』補正	1977
125 訳/于景譲・著/江上波夫	匈奴奇畜騊駼騾駼騃駃	
246 傅宏鎮	浙江茶業在唐宋史的考證	
421 何炳棣	美洲作物的引進、伝播及其対中国糧食生産的影響	
433 胡厚宜	殷代農作施肥説	1955
875 李光麟	「養蚕経験撮要」に対して	1965
884 羅祖基	"商鞅変法"促進奴隷使用制度発展説	1956
919 馬泰来	『明人伝記資料索引』補正	1977
1176 馬若孟	一六八四〜一八九五年清朝統治下之台湾伝統社会	1972
1523 千家駒	旧中国発行公債史的研究	
1526 饒宗頤	長沙出土戦国楚簡初釈	

1628 尚鉞		中国資本主義生産因素的萌芽其増長	1955
2056 呉晗		明初社会生産力的発展	1955
2100 汪精衞・胡漢民		武漢分立之経過　弾劾共産党両大要案	1959
2200 楊啓樵		明実録中有関戸籍記載證誤	1965
欠番　訳/于景讓・著/中尾萬三		芫花攷	1959
欠番　于景讓		匈奴人的飲食	
欠番　于景讓		牛魚考	1958
欠番　于景讓		釈穀	1962
欠番　于景讓		本草綱目中所記的汞及其化合物	1963
欠番　于景讓		鯢鮎鱧	1963
欠番　于景讓		本草綱目中所記的鯉科魚類	1963
欠番　于景讓		本草綱目中所記的銅鉱・銅的化合物与其的合金	1964
欠番　于景讓		龍脳香・艾納香・迷迭香	1964
欠番　于景讓		胡椒澄茄蓽茇蒟醤	1958
欠番　趙雅		関於耕織図之初歩探討	
欠番　会田俊夫		歯本発達史年表	
1994 訳/鄭樑生・著/植松正		彙輯「至元新格」及解説	1975

巻76　漢文W－Z

68 張徳慈・王慶一	早期稲作栽培史	1976
＊69 張心澂	対楊向奎先生古史問題的几点意見	1956
71 張文梵・沈潜・徐有槩	三種稀見古農書合刊	
72 張蔭麟	沈括編年事輯	1936
73 張仲葛	我国養猪業的歴史	1976
74 張仲葛	中国畜牧業発展史	1980
2038 万国鼎	中国古代对于土壤種類及其分布的知識	1956
2039 万国鼎	我国二千二百年前对于等距密植全苗的理論与方法	1956
2040 汪家倫	太湖塘浦圩田的形成和発展	1978
2041 王治来	均田制的産生及其実質	1956
2042 夏鼐	考古学和科学史	1977
2043 辛樹幟	禹貢制作時代的推測（初校）	1957
2044 辛樹幟	易伝的分析(続)	1958
2045 辛樹幟	易伝的分析	1958
2046 許倬雲	両周農作技術	1971
2050 徐中舒・何孝達	戦国初期魏斉的争覇及列国間合従連衡的開始	1956
2051 徐中舒	論西周是封建制	1957
2057 呉徳鄰	詮釈我国最早的植物誌:南方草木状	1958

148

2058 呉大琨		関于西周社会性質問題的討論	1956
2071 汪寧生		遠古時期雲南的稲穀栽培	1977
2099 王毓銓		爰田（轅田）解	1957
2101 王振鐸		張衡候風地動儀的復原研究（1）～（3）	1963
2193 楊端六		関於清朝銀銭比価変動的問題（上篇）	1956
2194 楊端六		関於清朝銀銭比価変動的問題（下篇）	1957
2195 楊寛		関於西周農業生産工具和生産技術的討論	1957
2202 楊向奎		有関中国古史分期的若干問題	1956
2203 楊械		論殷周辺的社会性質	1955
2204 楊直民		従几部農書的伝承看中日両国人民間悠久的文化技術交流	
2205 厳中平		編輯中国近代経済史参考資料工作的初歩総結	1956
2238 呉海若		中国資本主義生産的萌芽	
于省吾		駁唐蘭先生"関於商代社会性質的討論"	1958
游修齢		従河姆渡遺址出土稲穀試論　我国栽培稲的起源、分化与伝播	1979
于省吾		商代的穀類作物	
趙錫元		於"夏代和商代的奴隷制"一文所引用的甲骨文材料	
諸宝楚		雲南水稲栽培的起源問題	1962
朱本源		論殷代生産資料的所有制形式	
欠番　于景譲		胡豆考	1965

・カードがあって収録が確認できなかったもの（和文）

10 赤堀昭		漢方処方の内容を考える―小柴胡湯を中心として	
41 坂野正高		天津条約（1858年）調印後における清国外政機構の動揺（二・完）	1957
104 長博		中共の東南アジア諸国に対する輸出の実態とその見透	1958
172 藤井宏		中国における「耕作権の確立」期をめぐる諸問題	1972
199 藤岡謙二郎		古西近江に沿う穴太部落の歴史交通地理学的性格について	1968
＊199 藤田元春		甲州桝考	1942
208 藤原康晴		中国における農業改革と農民の意識変化についての一考察	1972
242 古島和雄		東アジアにおける民族革命運動	
480 池田誠		宋代解州官営塩業の構造	
575 伊藤徳男		二四〇歩一畝制施行の意義	1959
598 城野宏		中国における哲学の大衆化（上）	
599 城野宏		中国における哲学の大衆化（下）	
600 城野宏		中国の実情について	1965
464 飯沼二郎		日本農業の近代化	1967
492 池田誠		近代史年表	

537	石田浩・江口信清・窪田弘	台湾における「拡大農場共同経営」	1978
586	岩田慶治	北部タイにおける稲作技術	1963
595	井貫軍二	唐代の觝商について	
601	加々美光行	中国郷村建設運動の本質	1970
623	金子文夫	1970年代における「満州」研究の状況	1979
640	片岡芝子	明代における華北の土地所有について	
649		加藤祐三氏論文目録	1977
729	木下忠	弥生時代農耕具の伝統	1966
732	和田保ほか	報告・資料 ポンプによる送泥客土の実施例	
741	北村四郎	京都のツバキの古い園芸品種	1952
772	古賀登	漢長安城と阡陌・県郷亭里制度の研究	
830	熊代幸雄	漢籍農書の解題	1960
837	熊代幸雄	乾地農法に於ける東洋的と近代的命題	1950
823	訳/熊代幸雄・著/フリンクマンドイツ畑作の作付順序像		1955
855	楠山修作	書評「漢長安城と阡陌・県郷亭里制度」	1980
863	加用信文	アダム・スミスの肖像画のことなど	1969
872	姜 在彦	開化思想・開化派・金玉均	
873	姜 在彦	独立新聞・独立協会・万民共同会	
874	姜 在彦	近代朝鮮における自由民権思想の形成	1971
931	松丸道夫	日本散見甲骨文字蒐彙	1959
937	松本光雄	中国古代の邑と民・人との関係	1952
956	三上諦聴	青年軍人聯合会について	1958
978	三橋時雄	農史研究史	
1048	盛永俊太郎	中国の稲-直省志書からみた品種	1970
1003	宮下忠雄	中共の社会主義建設の総路線	1959
1007	宮下忠雄	新中国の経済制度第三論	1957
1008	宮下忠雄	新中国の金融制度	
1015	宮下忠雄	新中国の物価政策	1958
1017	宮下孝吉	西洋中世都市における古代的要素と中世的要素	
1064	なし		
1154	中共「人民人報」紙	孫冶方経済理論を批判する三論文	1966
1184	長尾直	農婦と海女とロールシャッハ・テスト	1954
*1193	長瀬守	宋元時代の建康周域における各県の水利開発（二）	1977
1200	長瀬守	元朝における江南の佃戸（其二）	
1201	長瀬守	宋元時代の水利法	1971
1202	長瀬守	宋代における国家権力と農村単鄂の水利学	
1203	中国水利史研究会	中国水利史研究 第8号	1977

1232	内藤戊申	内藤湖南記、清国再游記要	1956
1286	西岡弘晃	唐代の灌漑水利施設とその管理	1973
1302	西村元照	現代化の壁と復古調	
1321	西村成雄	「中国統一化」論争の一側面	
1322	西村成雄	辛亥革命前夜における東三省	1976
1323	西村成雄	李大釗－1918年にいたる思想的発展過程	1975
1324	西村成雄	1920年代東三省地方権力の崩潰過程	1971
1329	西岡弘晃	唐代における酒専売制度について	1970
1330	西岡弘晃	唐代京畿地域における碾磑経営について	1969
1344	西嶋定生	北齊河清三年田令について	
1358	野間清・蘇星	土地改革後の中村農村における社会主義と資本主義の二つの道の闘争	
1375	野沢豊	民国初期の政治過程と日本の対華投資	
1376	野沢豊	1903年の大阪博覧会と張謇の来日	1971
1377	野末佳予子	漢武梁祠衣服考	1963
1385	布目順郎	銅鐸面の「工字形器具を持った人物」画像に就て	1950
	尾崎彦朔	中国の外交政策に関する若干の問題	1972
1537		佐伯有一氏論文目録	
1663	重田徳	清末における湖南茶の新展開	1961
1738	篠田統	颱風七月生物訓詁	
1577	佐竹靖彦	宋代四川夔州路の民族問題と土地所有問題（下）	1968
1633	斯波義信	南宋米市場の分析	1956
1679	森川守三	山西機械製粉業と磨坊との相関性	1941
1694	篠田統	羊羔酒	1967
1699	篠田統 ほか	近江カルスト台地の生活	1953
1702	篠田統	江州野州郡北組酒造仲間の桶帳	1957
1703	篠田統	南都多聞院の酒造	1958
1706	篠田統	苗代川	
1686	篠田統	河内風俗聞書1	1967
1759	白川静	侯外廬氏「中国古代社会史」	1952
1780	副島圓照	一九二〇年代のブルジョワジーの中国政策	
1860	田淵捨夫	西能勢村生活実体調査報告　その6	
1868	戴国煇	日本人による台湾研究	1968
1869	戴国煇	清末台湾の一考察	
1871	高木真助	限界分析の学史的考察	
＊1903	田中正俊	中国の変革と封建制研究の課題（一）	1972
1921	谷野良之	西能勢村生活実態調査報告　その5	
1934	訳/田尻利・著/陳伯達	近代中国地代論	1971

1945	手島正毅	日本鋼造船業における下請制の研究	1956
1950	藤間生大	古代豪族の一考察	
1951	藤間生大	寒門詩人と勢族	1978
1875	竹内実	「五四」日暦	1974
1898		田中正俊氏論文目録	
1904	田中淡	中国建築学界解放後のあゆみ	
1907	田中嗣人	古代の岸和田	
	津久井弘光	人民公社とその発展	1965
1961	辻文男	人文地理学例会レジュメ	1969
1964	幼方直吉	家族制度の変革	
1971	内田吟風	東アジアの古代海上交通	1976
	内田直作	バンコックにおける華僑社会の構造	1972
*1984	宇野絢子	中国における農業生産力構造とその変化	
2002	梅川勉	軍人勅諭の成立と西周の憲法草案（一）	1955
2003	梅川勉	軍人勅諭の成立と西周の憲法草案（二）	1955
2004	梅川勉	軍人勅諭の成立と西周の憲法草案（三）	1955
2010	宇野惇	インド論理学に於ける限定詞の用法	1960
2065	渡部武	中国の博物館	1977
2083	渡辺信一郎	古代中国における小農民経営の形成	1978
2084	渡辺信一郎	漢六朝期における大土地所有と経営（上）	1974
2085	渡辺信一郎	漢六朝期における大土地所有と経営（下）	1974
2135	古島敏雄・永原慶二	「商品生産と寄生地主制」	1955
	吉田浤一	二〇世紀中国の一棉作農村における農民層分解について	1975
	吉田浤一	一九三〇年代中国農村経済研究の一整理	
	吉田浤一	20世紀前半中国の一地方市場における棉花流通について	1977
223?	大政翼賛会興亜局	支那暦と年中行事	1942

・カードがあって収録が確認できなかったもの（漢文・ハングル）

52	閔成基	呂氏春秋農法と新考察	1968
54	閔成基	漢代麦作考	1971
55	閔成基	代田と縵田	1974
56	閔成基	氾勝之書と耕犂考	1975
57	閔成基	東アジア古農法と䟽犂考	1979
58	閔成基	朝鮮前期と麦作技術考	1980
110	丁雲青	綸音碑額碑座跋	
236	傅衣凌	明代蘇州織工・江西陶工反封建闘争資料類輯	1954
435	胡厚宣	甲骨学商史論叢　二集	

881 柳子明	中国栽培稲的起源及其発展	1975
883 陸定一	百花齊放百家争鳴	1956
1776 石声漢	中国農業遺産要略（未定稿）	1972
2055 呉玉章	辛亥革命	1956
2037 万国鼎	五穀史話	1961
2168 未記載	河南省商城県紳士居住地分布表	
欠番 葉玉華	戦国社会封建化過程	

巻77：欧文A-E

16	Amano, Etsuo	Genetic fine structure analysis of mutants induced by ethyl methanesulfonate	1972
21	Amano, Etsuo ,Matsumura, Seiji	RBE of radiations in E-1 hole of Kyoto University Reactor (KUR)	1966
18	Amano, Etsuo and Hayashi, Masaru	Comparison of ethyl methanesulfonate - and radiation - induced waxy mutants in maize	1967
17	Amano, Etsuo and Smith, H. H.	Mutations induced by ethyl methanesulfonate in maize	1965
20	Briggs, R. W., Amano, E and Smith, H. H.	Genetic recombination with ehtyl-methaesulfonate-induced waxy mutants in-maize	1965
51	Bereznii, L. A.	A critique of American bourgeois historiography on China : problems of social development in the nineteenth and early twentieth centuries	1968
欠番	Chang, Han-yu and Myers, Ramon H.	Japanese colonial development policy in Taiwan, 1895-1906: a case of bureaucratic entrepreneurship	1963
106	Crump Jr., James I.	The conventions and craft of Yuan drama	1971
105	Cohen, Paul A.	Some sources of anti-missionary sentiment during the late Ch'ing	1963
84	Chen, Liang-Tso	The origin of Chinese agriculture and early methods of rice cultivation	1978
84	Chen, Liang-Tso	The origin of Chinese agriculture and early methods of rice cultivation (副本)	1978
欠番	Cheng, Te-k'un	The prehistory of China	不明
90	Cheng, Chu-yuan	Power struggle in red China	1966
92	Cheng, Chu-yuan	The culture revolution and China's economy	1967
89	Cheng, Chu-yuan	The root of China's cultural revolution: the feud between Mao Tse-tung and Liu Shao-ch'i	1968
91	Cheng, Chu-yuan	Growth and structural change in the Chinese machine building industry, 1952-66	1970
79	Chen, Pi-chao	China's birth control action programme, 1956-1964 (写)	1970
78	Chao, Kang	On the reliability of industrial output data of communist China	1962
75	Chao, Kang	Economic aftermath of the gerat leap in communist China	1964
77	Chao, Kang	Pitfalls in the use of China's foreing trade statistics	1964

巻78: 欧文 E-L

123?	Eckstein, Alexander	On the economic crisis in communist China	1964
122?	Eckstein, Alexander	Economic planning, organization and control in communist China	1966
142	Fairbank, John K.	China's response to the west: problems and suggestions	1956
145	Fairbank, John K.	East Asian views of modern European history	1957
146	Fairbank, John K. and Wright, Mary C.	Documentary collections on modern Chinese history	1957
147	Fairbank, John K.	Patterns behind the Tientsin massacre	1957
141	Fairbank, John K.	A note of ambiguity: Asian studies in America	1959
143	Fairbank, John K.	Assignment for the '70's	1969
142	Fairbank, John K.	China's foreign policy in historical perspective	1969
2231	Fairbank, John K.	The new China and the American connection	1972
144	Fairbank, John K.	Synarchy under the treaties	不明
153	Feuerwerker, Albert	China's nineteenth-century industrialization: the case of the hanyehping coal and iron company, limited	1964
154	Feuerwerker, Albert	China's modern economic history in communist Chinese historiography	1965
151	Feuerwerker, Albert	Industrial enterprise in twentieth-century China : the Chee Hsin Cement Co.	1967
152	Feuerwerker, Albert	Materials for the study of the economic history of modern China	1961
155	Flannery Kent V.	The origins of agriculture (写)	1973
156	Friedman, Edward	Cultural limits of cultural revolution	1969
280	Hamada, Hideo	Physiologisch-systematische Untersuchungen über das Wachstum der Keimorgane von *Oryza sativa* L.	1937
281	Hamada, Hideo	Ecotypes of rice	不明
279	Hall, John	Notes on the early Ch'ing copper trade with Japan	1949
332	Hartwell, Rovert	A cycle of economic change in imperial China : coal and iron in northeast China, 750-1350	1967
333	Hartwell, Rovert	The evolution of the early Northen Sung monetary system A.D.960-1025	1967
331	編/Harbym Anne T.	Papers on China : Index to volumes 1-20 (1949-1966)	1966

154

346	Hatano, Yoshihiro	The response of the Chinese bureaucracy to modern machinery	1967
2236	Hatano, Yoshihiro	The New Armies	1968
420	Ho, Ping-Ti	The introdaction of American food plants into China（写）	1955
大番	Ho, Ping-Ti	The cradle of the east（写）	不明
573	Ito, Shuichi	The acceptance and development of the western theory of evolution in modern Japan and China	不明
522	Inoue, Tadakatsu	On business history	1953
469	Iinuma, Jiro	Ancient Punjab dry farming in the general history of agriculture	1966
大番	Kimura, Koichi and Akabori Akira	Drugs	不明
大番	Kahn, Harold and Feuerwerker, Albert	The ideology of scholarship : China's new historiography	1965
878	Liu, Shao-Chi	The political report of the central committee of the communist party of China to the eighth national congress of the party	1956
881	Liu, Zi-Ming（柳子明）	The origin and developments of cultivated rice in China 中国栽培稲的起源及其発展（写）	1975

巻79：欧文 M

大番	Miki, Takeshi	The work unifying money in China	1953
971	Miki, Takeshi	The revolution during the period of rehabilitation in new China	1960
918	Ma, Tai-loi	The authenticity of the Nan-fang Ts'ao-mu Chuang	1978
988	Miyakawa, Hisayuki	The outline of the Naito Hypothesis and it's effects on Japanese studies of China	不明
1013	Miyashita, Tadao	The silver tael system in modern China	1956
1012	Miyashita, Tadao	Economic construction of new China	1957
1118	Munro, Donald J	The Yang Hsien-chen affair	1965
1116	Munro, Donald J	Chinese commmunist treatment of the thinkers of the hundred schools period	1965
1117	Munro, Donald J	Dissent in communnist China : the current anti-intellectual campaign in perspective	1966
1085	Moriya, Mitsuo	Study On Ssu-shih-tsuan-yao 四時纂要	1965

1163 Myers, Ramon H. Education, techenology and economic development in Hong Kong 1964

1173 Myers, Ramon H. The usefulness of local gazeteers for the study of modern Chinese economic history : szechuan province during the Ch'ing and republican periods 1967

1176 馬若孟　Myers, Ramon H. Taiwan under Ch'ing imperial rule, 1684-1895 : the traditional society 1972

1165 馬若孟　Myers, Ramon H. Taiwan as an imperial colony of Japan : 1895-1945 1973

1162 Myers, Ramon H. and Ching, Adrienne Agricultural development in Taiwan under Japanese colonial rule 1964

1174 Myers, Ramon H. and Ulke, Thomas R. Foreign influence and aguricultural development in northeast China : A case study of the liactunypeninsula, 1906- 1972

1167 Myers, Ramon H. Trasformation and continuity in Chinese economic and social histry 1974

1161 Myers, Ramon H. Land reform and agricultural development in Taiwan 1963

1175 Myers, Ramon H. The commercialization of agriculturer in modern China 1972

1164 Myers, Ramon H. Cooperation in traditional agriculture and its implications for team farming in the People's republic of China 1975

1166 Myers, Ramon H. and Schroder, Norma A comparison of foodgrain and cotton yields by county in China : 1929-31 and 1970 1974

1172 Myers, Ramon H. Some issues on economic organization during the Ming and Ch'ing periods; a review article (写) 1974

1159 Murphey, Rhoads China and the dominoes 1966

1158 Murphey, Rhoads Traditionalism and colonialism chaging urban roles in Asia 1969

1155 Muramatsu, Yuji A documentary study of Chinese landlordism in the late Ch'ing and the early Republican Kiangnan 1966

1156 Muramatsu, Yuji Banner estates and banner lands in 18th century China-Evidence from two new sources 1972

巻 80 : 欧文 N-S

1185 Nagao, M. Gadjin The aucient Buddhist communist in India and its culture activities 1971

1256 Nakao, Sasuke Agricultural practice 不用

No.	Author	Title	Year
1257	Nakao, Sasuke	Transmittance of cultivated plants through the Sino-Himalayan route	不明
1279	Nakayama, Shigemi	Kyoto group of the history of Chinese science	1970
1334	Nishiyama, Takeichi	Characteristics of agriculture and agricultural society in Asia with speial refference to Zhong Guo(China)	1964
1464	Okanishi, Tameto	The main current of the Chinese Pen'Ts'ao	1959
1451	Ochi, Shigeaki	Chung'i 忠義 in the Chin 晋 Age	1971
欠番		Joint commissionon on rural reconstruction in China	1950
1527	Reischauer, Edwin O.	Transpacific Relations	不明
1528	Riskin, Carl	Walking on two legs (type)	
1602	Schurmann, H.F.	Traditional property concepts in China	1956
1600	Schurmann, H.F.	On social themes in sung tales	1957
1601	Schurmann, H.F.	Mongolian tributary practices of the thirteenth century	1956
欠番	Sekino, Takeshi	On the black pottery of ancient China	不明
1849	Axel Steensberg	The husbandry of food production	1976
1850	Axel Steensberg	Stone shares of ploughing implements from the bronze age of Syria	1977
欠番	Solomon, Richard H.	Educational Themes in China's changing culture	1965
欠番	Solomon, Richard H.	On activism and activists	1969
欠番	Sivin, Nathan	On the reconstruction of Chinese alchemy	1967
欠番	Skinner, G.William	Marketing and social structure in rural China (写)	1964

巻 81: 欧文 T-Y

No.	Author	Title	Year
1896	Tanaka, Masatake	Phylogenetic relationship and species differentiation in genus *Tritium* with special reference to the genotypes for dwarfness	1965
2077	Watabe, Tadayo and Akihama, Tomoya	Morphology of rice grains recovered from ruins in Thailand	1968

2078	Watabe, Tadayo and Torigoe, Yoichi	Identification of cultivated plants, in central Nepal, and some observations	1977
2062	Wiens, Thomas B.	The evolution of policy and capabilities in Chian's Agricultural technology (写)	不明
2053	Wright, Mary C.	The adaptability of Ch'ing diplomacy : The case of Korea	1958
2052	Wright, Mary C.	Modern China in transition, 1900-1950	1959
2196	徐　廷文 (Hsu Ting-Wen)	火番 Shao, Chirchuan, Li, Chang-sen and Baschan, Chiren Origins and evolution of the cultivated barley - wild barleys from the south-western part of China (写)	1975
2213	Yabuchi, Kiyoshi	従甘孜野生二稜大麦的発現論栽培大麦的起源和種系発生 (写)	不明
2118	Yabuchi, Kiyoshi	The development of the sciences in China from the 4th to the end of the 12th cantury	不明
2122	Yabuchi, Kiyoshi	Islamic astronomy in China	1963
2126	Tachibana, Shiraki and Yamamoto, Hideo	Astronomical tables in China from the Wutai to the Ch'ing dynasties	1966
2116	Yabuchi, Kiyoshi	Profile of asian minded man Ⅲ	1966
2219	Yabuchi, Kiyoshi	Comparative aspects of the introduction of western Astronomy into China & Japan, sixteenth to nineteenth Centuries	1968
2126	Yamada, Keiji	The Calendar reforms in the Han dynasties and ideas in their background	1974
2197	Young, Ernest P.	The main current of Chinese science in the 17th and 18th centuries	1977
2197	Yang, Lien-Sheng	The Formation of the *Huang-ti Nei-ching*	1979
2198	Yang, Lien-Sheng	Yuan Shih-k'ai's rise to the presidency	1968
2199	Yang, Lien-Sheng	Hostages in Chinese history	1952
2199	Yang, Lien-Sheng	Toward a study of dynastic configurations in Chiese history	1954
2199	Yang, Lien-Sheng	Schedules of work and rest in imperial China	1955
2199	Yang, Lien-Sheng	Econmic Justification for Spending : An uncommon idea in Tradiational China	1957
	Yu, Ying-shih	Review of D. C. Twitchett, "Financial Administration under the T'ang dynasty"	1964

『天野元之助博士旧蔵論文集仮目録』にカードがあって、77-81巻に収録されていない欧文抜き刷り

69 TE-TZU CHANG　THE ORIGIN AND EARLY OF THE CEREAL GRAINS AND FOOD LEGUMES

1160 Chang, Han-Yu and Myers Japanese colonial development policy in Taiwan, 1895-1906：A case of Bureaucratic Entrepreniurship Ramon. H.

1168 Myers, Ramon H.　Economic development during the Ch'ing period　(要約)
1169 Myers, Ramon H.　Economic development during the Ch'ing period
1170 Myers, Ramon H.　Landlords bureaucracy, and aguricult development in east Asis
1171 Myers, Ramon H. and Ulie, agricultural development in mainland China：The liaotunipeninsule, 1906-1942
　　 Thomas R.
1177 Ramon H.Myers　The traditional Chinese peanant economy
1178 Ramon H.Myers　Agricultural development in modern China (A case study of economic development of a north China village before communist rule)
1179 Ramon H Myers　Bridge and temple construction in modern China
1524 Ruddle, Kennes Richard　Curriculum vitae and bibliography
1560 Sakurai, Yumio　The change in the name and number of villages in medien Vietnam
1848 Te-Tzu Chang　Thr rice culture
2059 Wiens, Mi Chu　The Origins of modern Chinese landbordism
2060 Wiens, Mi Chu　Cotton textile production and peasant livelihood in early modern China
2061 Wiens, Mi Chu　Origins of the Ming-Ching Gentry
2063 Wieno, T　Notes on Farin Implement Improvement
2064 Wickberg, Edger　Continuity in Taiwan's Land Teurc, 1900-1940
2070 Wang, Yu-Chiian　An Outlire of Cawtral Government of the Former Har Dynasty
2072 Watabe, Tadayo　Preliminary Report of the Kyoto University Scientific Suziey to Burma, 1974
2073 Watabe, Tadayo　Preliminary Report Tottoic? Sccotfic Survey 1971 Ogigin and Alteration of Cultivated Rice in the Indian Sub-Continent Vol.1
2074 Watabe, Tadayo　Preliminary Report Tottoic? Sccotfic Survey 1971 Ogigin and Alteration of Cultivated Rice in the Indian Sub-Continent Vol.2

欠番編者不明、馬泰来劉　The Study of the History of Science in the People's Republic of China:A Bibliography of Journal Aryicle:1972-1974

附表3 「北山書店販売書籍一覧」

附表3　北山書店販売書籍一覧

編著者等	書名	出版社	刊年	販売先	納品日
謝國楨編	清初農民起義資料輯錄	新知識出版社	1956	個人	000807
楊世驥	辛亥革命前后湖南史事	湖南人民出版社	1958	個人	000807
蘭陵・笑笑生撰	真本 金瓶梅 上下	香港廣智書局		個人	000807
胡厚宣	殷墟發掘	學習生活出版社	1955	個人	990303
梁漱溟	中國民族自救運動之最後覺悟（村治論文集）-背傷-	中華書局	1933	個人	000818
張仲景著　成無已註	註解傷寒論	上海商務印書館	1955	個人	990329
李時珍撰	本草綱目 全六冊 附索引	上海商務印書館	1954	個人	990329
何茲全	秦漢史略	上海人民出版社	1955	個人	990219
賀昌羣	論兩漢土地占有形態的発展	上海人民出版社	1956	個人	990219
高敏	云梦秦簡初探	河南人民出版社	1979	個人	990219
睡虎地秦墓竹簡整理小組編	睡虎地秦墓竹簡	北京文物出版社	1978	個人	990219
馬王堆漢墓帛書整理小組編	戰國縱橫家書（馬王堆漢墓帛書）	文物出版社	1976	個人	990219
李鼎芳	王莽	上海新知識出版社	1956	個人	990219
楚青　朱中健　王志明合著	我国農村市場的改組	財政經濟出版社	1957	個人	990225
張履祥輯補　陳恆力校點	沈氏農書	中華書局	1956	個人	990225
陳恆力編著　王達參校	補農書研究	中華書局	1958	個人	990225
嚴中平編著	清代雲南銅政考	中華書局出版	1957	個人	990225
韋慶遠	明代黄冊制度	中華書局	1961	個人	990225
王仲犖編著	魏晉南北朝隋初唐史　上冊	上海人民出版社	1961	個人	990305
石聲漢	從齊民要術看中國古代的農業科學知識—整理齊民要術的初步總結—	科學出版社	1957	国立研究機関	000731
石声漢	中国古代農書評介（中国農業史研究叢書）	農業出版社	1980	同上	000731
王禎撰	農書	中華書局	1956	同上	000731
王毓瑚	區種十種	財政經濟出版社	1955	同上	000731
岡西為人	重輯新修 本草	國立中國醫藥研究所	1964	同上	000731
夏緯瑛校釋	呂氏春秋 上農等四篇校釋	中華書局	1956	同上	000731
乾隆帝勅撰	授時通考　上下	中華書局	1956	同上	000731
自然科學史研究所編	中国古代科技成就	中国青年出版社	1978	同上	000731
竺可禎　宛敏渭	物候学	科学出版社	1973	同上	000731
徐光啓	農政全書　上下	中華書局	1956	同上	000731
徐光啓撰　王重民輯校	徐光啓集　上冊	中華書局	1963	同上	000731
辛樹幟	禹貢新解（附錄 禹貢注釋輯要）-背傷-	農業出版社	1964	同上	000731
清華大学机械廠 工人理論組 注釈	天工開物注釈　上冊	科学出版社	1976	同上	000731

辛樹幟	禹貢新解（附錄 禹貢注釋輯要）－背傷	農業出版社	1964	同上	000731
清華大学機械厰 工人理論組 注釈	天工開物注釈 上冊	科学出版社	1976	同上	000731
宋應星	野議 論気 談天 思憐詩	上海人民出版社	1976	同上	000731
大寨大隊大隊理論組 昔陽県貧下中農	斉民要術選釈	科学出版社	1975	同上	000731
北京大学生物系 注					
中華人民共和国農業部編	農業机具（農業生産技術基本知識）	農業出版社	1964	同上	000731
中国科学院中国自然科学史研究室編	徐光啓記念論文集 －記念徐光啓誕生四百周年－	中華書局	1963	同上	000731
中国科学院中国自然科学史研究室編	中国古代科学家	科学出版社	1959	同上	000731
中国古代科学家史話編写組編	中国古代科学家史話（修訂本）	人民出版社	1975	同上	000731
中國農業遺産研究室編	中國農業史（初稿）上冊	科学出版社	1959	同上	000731
中國農業遺産研究室編輯 胡錫文主編	中國農學遺産選集 甲類第二種 麥（上編）	中華書局	1958	同上	000731
中國農業遺産研究室編輯 陳祖規主編	中國農學遺産選集 甲類第一種 稲（上編）	中華書局	1958	同上	000731
中國農業遺産研究室編輯 葉静淵主編	中國農學遺産選集 甲類第十四種 柑橘（上編）	中華書局	1958	同上	000731
中國農業遺産研究室編輯 李長年主編	中國農學遺産選集 甲類第四種 豆類（上編）	中華書局	1958	同上	000731
張履祥輯補 陳恆力校點	沈氏農書	中華書局	1956	同上	000731
沈括著 胡道静校注	夢渓筆談校證 上	中華書局	1962	同上	000731
沈秉成著 鄭辟疆校注	蠶桑輯要（中国古農書叢刊）	農業出版社	1960	同上	000731
陳開沚述	神農最要	中華書局	1956	同上	000731
陳恆力編著 王達参校	補農書研究	中華書局	1958	同上	000731
陳淏子輯 伊欽恆校註	花鏡	農業出版社	1964	同上	000731
唐漢良編	農暦及其編算	江蘇人民出版社	1977	同上	000731
農業部農具改革辨公室編	農具改革 第一輯 三秋農具（農業機械叢書）	機械工業出版社	1958	同上	000731
武威県文化館 甘粛省博物館 合編	武威漢代醫簡	文物出版社	1975	同上	000731
毛春翔	古書版本常談	上海人民出版社	1977	同上	000731
毛子孫編	中國農書目録彙編 －金陵大學圖書館叢刊第一種－（影印）	古亭書屋	1970	同上	000731
楊山甫 鄭辟疆・鄭宗元校勘	颶風廣義（中國古農書叢刊）	農業出版社	1962	同上	000731
李光壁 錢君曄編	中國科学技術發明和科学技術人物論集	三聯書店	1955	同上	000731
劉應呆著 王毓瑚校	梭山農譜（中國古農書叢刊）	農業出版社	1960	同上	000731
倪倬輯	農雅	中華書局	1956	同上	000731
嚴中平	中國棉紡織史稿 1289－1937	科学出版社	1955	同上	000731
浙江農業大学理論学習小組編	斉民要術及其作者賈思勰	人民出版社	1976	同上	000731
衛杰 撰	蠶桑萃編	中華書局	1956	同上	000731
趙汝适撰	諸蕃志 全（國學文庫）	文殿閣	1935	同上	000731
錢大江編	中國古代科技簡史	七十年代月刊社	1975	同上	000731
馮承鈞撰	諸蕃志校注	中華書局	1956	同上	000731

著者	書名	出版社	年		番号
俞宗本著　康成懿校註　辛樹幟校閱	種樹書（中國古農書叢刊綜合之部）	農業出版社	1962	個人	990225
王志瑞編	宋元經濟史（史地小叢書）	上海商務印書館	1931	個人	990222
王毓銓	我國古代貨幣的起源和發展	科學出版社	1957	個人	990222
吳承洛著　程理濬修訂	中國度量衡史	上海商務印書館	1957	個人	990222
周緯	中國兵器史稿	三聯書店	1957	個人	990222
章巽	我國古代的海上交通	新知識出版社	1956	個人	990222
張維華	明代海外貿易簡論	学習生活出版社	1955	個人	990222
張家駒	兩宋經濟重心的南移	湖北人民出版社	1957	個人	990222
陳詩啓	明代官手工業的研究	湖北人民出版社	1958	個人	990222
陳直	兩漢經濟史料論叢	陝西人民出版社	1958	個人	990222
鄭家相	中國古代貨幣發展史	三聯書店	1958	個人	990222
陶希聖編	西漢經濟史（中國歷史叢書）（表紙傷）	上海商務印書館	1931	個人	990222
南開大学歷史系編	清實錄經濟資料輯要	中華書局	1959	個人	990222
武漢水利電力学院　水利水電科学研究院	中國水利史稿　上冊	水利電力出版社	1980	個人	990222
方楫編	我國古代的水利工程	新知識出版社	1955	個人	990222
北京鋼鉄学院中国古代冶金編写組編	中國古代冶金	文物出版社	1978	個人	990222
梁方仲	明代糧長制度	上海人民出版社	1957	個人	990222
傅衣凌	明清時代商人及商業資本	人民出版社	1956	個人	990222
傅衣凌	明清農村社會經濟	三聯書店	1961	個人	990222
傅衣凌	明代江南市民經濟試探	上海人民出版社	1957	個人	990222
沈括	元刊　夢溪筆談（影印）	文物出版社	1975	個人	001117
長孫無忌著　王雲五編	唐律疏議　四冊（萬有文庫）	上海商務印書館	1934	個人	000921
竺可楨文集編輯小組	竺可楨文集	科学出版社	1979	個人	000731
嚴中平等編	中國近代經濟史統計資料選輯	科学出版社	1955	個人	990217
張世祿編	語言學概論（中華百科叢書）	上海中華書局	1934	個人	000728
崔憲原著　石聲漢校注	四民月令校注	中華書局	1965	個人	000728
中国科学院山東分院歷史研究所編	山東古代三大農學家	山東人民出版社	1962	個人	000731
魯明善著　王毓瑚校注	農桑衣食撮要（中國農書叢刊）	農業出版社	1962	個人	000731
湖南省農業機械研究所編	湖南改良農具図冊	湖南科学技術出版社	1960	個人	990224
江蘇省建湖県田家五行選釋小組	田家五行選釋	中華書局	1976	個人	990224
石聲漢校釋	齊民要術今釋　全四冊（西北農學院古農學研究室叢書）	科学出版社	1958	個人	000728
中國農業遺産研究室編輯　陳祖規主編	中國農學遺産選集　甲類第五種　棉　（上編）	中華書局	1957	個人	990224
丁宣曾著　王毓瑚校點	農圃便覽	中華書局	1957	個人	990224
沈練著　仲昂庭輯補　鄭辟疆・鄭宗元校注	廣蠶桑說輯補（中國古農書叢刊）	農業出版社	1960	個人	990224
楊巩編	農學合編	中華書局	1956	個人	990224

劉應棅著　王毓瑚校	梭山農譜（中國古農書叢刊）	農業出版社	1960	個人	990224
梁章鉅撰	農候雜占	中華書局	1956	個人	990224
俞宗本著　康成懿校註　辛樹幟校閱	種樹書（中國古農書叢刊綜合之部）	農業出版社	1962	個人	990224
彭信威	中國貨幣史　上下	犀聯出版社	1954	個人	990303
張若谷	珈琲座談	上海眞美善書店	1929	個人	990312
吳晗	讀史箚記	三聯書店	1956	個人	000731
朱東潤　李俊民　夢竹風主編	中華文史論叢　一九八〇年第二輯（總第一四輯）	上海古籍出版社	1980	個人	000731
孫祚民	中國農民戰爭問題探索	新知識出版社	1956	個人	000731
陳夢家	西周年代考	上海商務印書館	1955	個人	990224
陳夢家	六國紀年	學習生活出版社	1955	個人	990224
唐長孺撰	唐書兵志箋正	科學出版社	1957	個人	990224
楊家駱主編　劉雅農總校	齊民要術／農家佚書輯本九種（世界文庫 四部刊要）	世界書局	1958	個人	990224
崔寔原著　石聲漢注	四民月令校注	中華書局	1965	個人	990224
啓東県農業局編	啓東糧棉双豐収生産技術	上海科學技術出版社	1965	個人	010718
壽選文	抗日戰爭時期国民党統治区的物价問題	上海人民出版社	1958	個人	010718
上海市農業局編	上海市蔬菜豊産經驗選編	上海人民出版社	1974	個人	010718
中央農業部計劃司編	兩年來的中國農村經濟調査彙編	中華書局	1952	個人	010718
費孝通	內地的農村（影印）	生活書店	1946	個人	010718
經濟史料編輯委員會編	國家過渡時期的糧食問題	財政經濟出版社	1954	個人	010718
嵇含撰	南方草木狀	商務印書館	1955	個人	000728
漆俠	隋末農民起義	華東人民出版社	1954	個人	990303
陳寅恪	唐代政治史述論稿	三聯書店	1956	個人	990303
程樹德	九朝律考	上海商務印書館	1955	個人	990303

御蔵書のゆくえと今後の活用

原　宗子

本書巻頭に述べたように、天野元之助博士の御蔵書・約三六〇〇冊と、博士が受贈された内外の研究者の論文抜刷り類約三〇〇〇部を含む資料の全ては、御逝去後まもない一九八〇年に、京都大学東南アジア研究センター（以下、適宜、「センター」と略記させて頂く）に寄託された。御遺族（御長男・天野悦夫氏、及び御次女・和田恭子氏）から承ったお話では、当時故隆恵夫人は御蔵書の活用を願われて固辞された由であるが、センター側のたってのお勧めで、有償の寄贈となったそうである。ただ、何分にも天野元之助博士と同年であられた隆恵夫人は当時既にご高齢、御長男・悦夫氏は海外出張中、さらに膨大な書籍・資料を一挙にトラックに積み込む作業日程となったもの等々の事情によるものか、私信や御遺族の学生時代のノート類なども紛れ込んで搬出されたという。

受託後、京都大学東南アジア研究センターでは、特に一室を当ててコレクションの整理を進められ、逐次登録配架してゆかれたようである。その整理途中の様子は、一九八二年四月に私も訪問して拝見させていただいた。天井まで届く大型のスチール書架八基余りにぎっしり収められた書籍と、なお収まりきらずダンボール箱に入って積まれている資料類とを目の当たりにして、整理の容易ならざることを実感した記憶がある。

これらのうち、センターの蔵書として現在架蔵されている書籍、雑誌については、今回、特にセンターの御高配を得て、二〇〇二年十一月五日訪問させていただき、その大要を知ることができた。附表1「京都大学東南アジア研究センター蔵・天野元之助博士旧蔵書籍一覧」に示したものが、それである。また、このうち天野博士によって収集・保存された各分野にわたる論文抜刷りについては、『天野元之助博士旧蔵論文集』のタイトルのもと、和文・漢文・欧文の三種に大別して総八一巻に合冊

製本され、II／ch0／008．1～以下の登録番号によって収蔵されている。現在外部から検索可能な書誌情報は、以上のみなので、どのような抜刷りがあるかについては京都大学図書館等の目録では知りえない。が、センターには、一九八三年八月付けの渡部忠世所長（当時）の序文を付した『天野元之助博士旧蔵論文集仮目録』二部があり、抜刷り整理段階の手書きカードを並べたものがコピー・製本されている。ただ、この『仮目録』は、概ね論文筆者名のアルファベット順にカードが並べられたもので、製本後の第何巻に抜刷りが収録されたかについては、ゴム印で巻数が示されているカードもあるものの、落ちている場合もあり、また、実態と合致しない場合もあって、特定の抜刷り閲覧に必要な情報は入手困難な状況である。そこで、これも今回、「天野本研究会」の仲間である田島俊雄氏（東京大学教授）が御協力下さり、二度にわたる調査を経て、実際に収録されている抜刷りを各巻毎に把握することができた。附表2『天野元之助博士旧蔵論文集』巻別内容一覧」が、それである。

以上の調査は、京都大学東南アジア研究センター・濱下武志教授の特段の御高配と、同センター図書委員会の寛大なる御裁可、同センター図書室・北村由美助手をはじめとする多くのスタッフの方々の暖かくも御親切なおはからいを戴いて、漸く可能になったものであり、記して深甚なる謝意を表するものである。

さて、何分にも膨大な御蔵書と実に様々なジャンルの資料整理が困難を極めたであろうことは、想像に難くない。整理が進行した一九九五年に、混入していた御家族のノート類や私信などとともに、天野先生御自身の筆写になる漢籍農書やその訳稿、未刊行の原稿類などは、センター既蔵書籍との重複本や相当数の現代中国語書籍など、ダンボール箱二一（A～U）箱分が、天野家に返還された。

御長男・悦夫博士は育種学の専門家（現・福井県立大学教授）であられるが、研究対象が時間軸に関わる学術のあるべき姿について、真摯な理念を掲げておられ、歴史学徒の端くれである私に、折りに触れて下さるお手紙で、私ども自然科学の分野でも科学史では個人の研究の進展を追う場合に、未発表の手書き原稿は重要になってきます。キュ

リー夫人の実験ノートが放射性のラジウムで汚染されていたという話もありますし、…（中略）…嘗て私が勤務しておりました、三島市にある国立遺伝学研究所にはゴールドシュミット（遺伝学者でした）文庫というのがあり、一九〇〇年のメンデルの法則の再発見」関連のリプリントも寄贈されています。最先端の報告ほどには読まれなくても、私どもの分野でもやはり古い論文のオリジナル・リプリントも重要なものがあります。

といった御教示を頂戴したこともあった。かような考えを基礎とした御庭訓あってのことか、天野家に返還された資料全てについては、悦夫博士の御長男（天野元之助博士の令孫）で中国史や農業論方面の気鋭の研究者であられる弘之氏が、詳細な目録を作成しておられた。のち〇二年に、これを提供して戴いて収録したのが、本書「天野家所蔵和書目録」「天野家所蔵漢籍目録」の二篇である。

天野家への返還後、東南アジア研究センターでは、未整理の書類や出版社の宣伝用冊子の類、或いは中国語書籍など、収書方針と異なる部分については正規の受入対象としない処置を取られたようで、これらの資料・書籍は一定期間廊下などに置かれていたらしい。これを偶目された京都市北区の北山書店店主・高石芳一氏が、処分自由との確認後これを搬出・整理され、「故天野元之助先生旧蔵書コレクション」と銘打って販売を開始したのは、一九九九年初め頃だったようである。同書店に残る販売記録を基に、二〇〇一年十二月までに、同書店で販売された書籍名をお教え戴いて作成したものが、附表3「北山書店販売書籍一覧」である。高石店主の御助力に、衷心より御礼申し上げたい。

さて、このコレクションの存在を私が知ったのは、二〇〇一年十二月のことであった。本書冒頭にも述べたように、田島俊雄氏から電話連絡を受け、御遺族に御連絡する一方、直ちに本学での購入手続きを開始できたのは、洵に幸いであった。コレクションに挟み込まれていた私信類は、高石氏が別途保存しておられたので、御遺族にお返しすることもできた。本学図書館

への受入と同時に、その目録を作成するべく、中国食物史の新進研究者である村上陽子氏（上智大学大学院大学院生）に助力を依頼した。村上氏の協力を得て、本書の「流通経済大学・天野元之助文庫目録」は作成することができたものであり、氏の昼夜を分かたぬ献身的な努力なくしては、本書の刊行も危うかったであろう。

さて、本目録作成を機に、天野家御所蔵の資料も、私的書類・学生レポート・『人民日報』などを除いた大部分を、私（原）に寄託して下さるお話が出て、現在、原研究室で保管している。生の写真類や手写本漢籍など保存に工夫を要するものが多く含まれるこれらの今後の取り扱い方法については、将来、検討を始めたところである。（従って、上記「天野家所蔵漢籍目録」を、本書本編に収録したのは、この目録にある書籍も本学・天野元之助文庫に収録される可能性が高い、という事情による。）

同時に、京都大学東南アジア研究センターにおいても、冊子類や断片的書類などに私信類が混じり、整理の困難な資料二箱分の公開について、私に委ねて頂いたので、御遺族にお返しすべきものなどの分別を現在進めている。この二種類については、最終的な公開を目標に、整理してゆく考えである。

他方、御蔵書の状況および本学での購入方針については、直ちに「天野本研究会」の共有情報となったので、田島俊雄氏は、北山書店で購入された書籍を流通経済大学図書館に御寄贈くださり、やはりメンバーである渡部武氏（東海大学教授）は、天野文庫の関連資料として、元之助博士が京都大学人文科学研究所在勤中に携わられた、但馬に関する共同研究の資料を御寄贈くださった。コレクションが、今後も充実してゆく可能性は残されているのかもしれない。

コレクションの活用についてみれば、〇二年四月、不充分ながら、私のホームページ (URL:http://www.rku.ac.jp/~hara/) で暫定目録を公開して以来、学内外から続々と複写依頼が寄せられるようになったのは、大変喜ばしいことである。本書の刊行によって、ITに馴染まない方々からのご利用が増せば、幸いこれに優るものはない。至るところ、几帳面な達筆の様々な

書き込みが見られるこのコレクションは、『天野元之助手批本〇〇』を、何冊も刊行できる内容を含んでいる。この点では、上記『天野元之助博士旧蔵論文集』も類似しており、前述した調査の折にも、幾つかの抜刷りに「〇〇についての誤謬多大」といった書き込みを発見した。(ちなみに、私自身がお送りした院生時代の拙稿をおそるおそる開いてみて、何も書き込みがないことを確認し、思わず胸を撫で下ろす一幕もあった。)すなわち、このコレクションは、書籍自体の価値をも有するといえるのである。なかでも、御自身の手になる『斉民要術』の訳稿(未発表)は貴重なものであり、今後このの活用に力を注ぎたいと思っている。

さらにまた、周知の通り、博士は内外に幅広い知己をお持ちであったが、それは単に「お顔が広い」といったことを意味したのではない。満鉄調査部以来の中国研究者として、中国・韓国・台湾・香港さらに欧米等々で発表される新研究を、相互に仲介する扇の要の役割を、様々な政治状況を超えて果たしてこられたことが、そのバックボーンとして存在する。そして、その深い学識が、どれほど広範囲の学術への目配りを基層に蔵していたかも、本コレクションは如実に物語っているといえよう。その全体が我々の学ぶべき学問のありかたなのではなかろうか。

ただ、洵に残念でならないのは、末期の御病床でなお校正作業を進めておられる御様子を目の当たりにした、『中国社会経済史』の草稿類のうち、ひとり「戦国秦漢之部」の部分のみ、未だ発見できないことである。このことについては、天野元之助博士の大阪市立大学時代の同僚・佐藤武敏博士から「調査するように」とのご指示を頂戴してから二十年ほどになるのだが、果しえないままである。「殷周之部」を刊行した開明書院の倒産によって、責了段階にあった「戦国秦漢之部」の刊行は頓挫し、今もって、草稿も、三校までの校正用紙も発見しえない。他の部の草稿は、弘之氏によって整然と保存されていたので、今後の活用が可能だと思われる。校正に協力しておられた長瀬守氏から、その校正刷りは返却されていたはずであるが、

以上、御蔵書の辿ってきた道筋を概述したが、かような来歴から既に一定数の書籍が散逸していると推定できる。本書口絵には、天野元之助博士の御遺影とともに、その蔵書印四種の写真をも掲載した。もし、本書読者の中に、北山書店を通して、或いはその他のルートによって、これらの蔵書印が押された書籍を御所蔵の方がおられたなら、ご一報戴ければ幸甚である。それによって、現在行方がわからなくなった書籍の書名と所在とが判明し、博士旧蔵書の全容を明らかにしてゆくことができれば、「天野元之助博士の人と学問」、すなわち空理空論に拠らない篤実な「知」の形成過程の全体像が、より一層鮮明に浮かび上がるのではないか、と祈念するからである。

編集後記

二〇〇二年度、「流通経済大学・天野元之助文庫」を公開した年度内に、不充分なものながら、本書を刊行しえたのは、様々な方面からの御助力に負っている。流通経済大学出版会・加治紀男部長の柔軟迅速な御対応で、刊行計画に割り込ませて頂けたことが、第一であるのはいうまでもない。

全面的に御協力下さった天野悦夫氏・天野弘之氏・和田祐一氏・和田恭子氏など御遺族の方々、長年にわたる「天野本研究会」の仲間として、御多用中をも顧みず、二度にわたる京都への日帰り調査で目録そのものの作成作業に加わって下さった上、以前の玉稿の再録許可・現時点での発表に対応した校正の労・企画全体に対する多くの助言などを賜った田島俊雄氏、天野文庫の登録過程から本書版下作成の全工程まで全てにわたって尽力して下さった村上陽子氏に対しては、お礼の述べ様もないほどである。ただ、何分にも短時日の作業だったので、不備・誤謬も多いかと惧れるが、これは全て、言うまでもなく私の責任である。

さらに、ページメーカー操作について具体的なアドヴァイスを戴いた学習研究社の本多海太郎氏・森川聡顕氏、度々のトラブル処理を含め先端技術を駆使して長時間にわたり御助力下さった流通経済大学総合情報センターの米澤靖男センター長をはじめとするスタッフの方々なくしては、本書版下製作は困難だったろう。その他、本学各部局にも、諸種の御高配を戴いている。

全ての方々に、心から深甚の謝意を表すものである。

（二〇〇二年十二月・原宗子）

執筆者紹介

原　宗子（流通経済大学経済学部教授）

田島俊雄（東京大学社会科学研究所教授）

天野弘之（専門学校講師・中国農業論）

村上陽子（上智大学大学院後期博士課程）

流通経済大学　天野元之助文庫

二〇〇三年二月一日

編者　原　宗子

発行所　流通経済大学出版会
〒301―8555
茨城県龍ヶ崎市平畑一二〇番地
電話　〇二九七―六四―〇〇〇一

印刷所　株式会社　桐原コム
〒168―0073
東京都杉並区下高井戸二―一―九
電話　〇三―三三二四―八八一一